综合学习
与
学生核心素养发展

吕剑虹 ◎ 著

哈尔滨出版社
HARBIN PUBLISHING HOUSE

图书在版编目（CIP）数据

综合学习与学生核心素养发展 / 吕剑虹著. -- 哈尔滨：哈尔滨出版社, 2025. 1. -- ISBN 978-7-5484-8010-5

Ⅰ. G40-012

中国国家版本馆 CIP 数据核字第 2024SS1984 号

书　　名：**综合学习与学生核心素养发展**
ZONGHE XUEXI YU XUESHENG HEXIN SUYANG FAZHAN

作　　者：吕剑虹　著
责任编辑：李金秋

出版发行：哈尔滨出版社（Harbin Publishing House）
社　　址：哈尔滨市香坊区泰山路 82-9 号　邮编：150090
经　　销：全国新华书店
印　　刷：北京虎彩文化传播有限公司
网　　址：www.hrbcbs.com
E - mail：hrbcbs@ yeah. net
编辑版权热线：（0451）87900271　87900272
销售热线：（0451）87900202　87900203

开　　本：787mm×1092mm　1/16　印张：10.5　字数：200 千字
版　　次：2025 年 1 月第 1 版
印　　次：2025 年 1 月第 1 次印刷
书　　号：ISBN 978-7-5484-8010-5
定　　价：58. 00 元

凡购本社图书发现印装错误,请与本社印制部联系调换。
服务热线：（0451）87900279

前　　言

在现代教育体系中,综合学习和学生核心素养的发展日益受到重视。两者相辅相成,共同构成了培养全面发展人才的关键要素。综合学习强调跨学科的知识整合与实践应用,而核心素养则注重学生必备品格和关键能力的培养。通过综合学习的方式,学生可以更好地发展自己的核心素养,为未来的学习和生活奠定坚实基础。综合学习鼓励学生打破学科界限,将不同领域的知识和技能进行有机融合。这种学习方式不仅能够帮助学生形成更加完整的知识体系,还能够培养他们的创新思维和问题解决能力。在综合学习的过程中,学生需要运用多学科的知识和方法来探究问题、寻找解决方案,这种跨学科的思维方式有助于他们形成更加开阔的视野和更加灵活的思维方式。同时,综合学习还注重学生的实践应用能力培养,通过项目式学习、研究性学习等方式,让学生在实际操作中运用所学知识,提升他们的实践能力和创新素养。而学生核心素养的发展,则是综合学习的重要目标之一。

本书内容共分为九章,深入探讨了核心素养的内涵演变与共识,以及综合学习与学生核心素养发展的紧密关系。核心素养作为学生全面发展的基石,其重要性日益凸显。综合学习,以其跨学科整合和实践性强的特点,成为提升学生核心素养的有效途径。本书详细分析了综合学习如何促进学生认知、情感、自主、合作及创新等多方面素养的提升,并指出学生核心素养的发展又反过来推动了综合学习的进一步深化。在培养学生核心素养方面,本书介绍了跨学科整合教学、主题教学实践和项目式学习等有效策略。同时,还从传统文化和现实需求中发掘核心素养的深厚内涵,强调其时代性和现实意义。通过对现行课程标准的反思,本书进一步明确了核心素养在教育教学中的重要地位。最后,本书探讨了基于核心素养的教育质量评估、课程教学改革以及教师专业发展等实践问题,为教育教学改革提供了有力的理论支撑和实践指导。

目　　录

第一章　核心素养内涵的演变与共识

第一节　核心素养内涵的历史演变

一、古代教育中的核心素养

（一）强调德性教育

古代教育非常重视道德品质的培养,将其视为个人修养和社会和谐不可或缺的基石。在中国,儒家思想作为传统文化的重要组成部分,深刻影响了古代教育理念和实践。儒家强调"仁、义、礼、智、信"等道德准则,这些准则不仅是对个人行为的规范,更是对社会秩序的维护。"仁"体现了对他人的关爱与同情,是建立和谐人际关系的基础;"义"则是指做事要合乎道义,不违背公正原则;"礼"涵盖了社交礼仪和行为规范,有助于形成文明礼貌的社会风貌;"智"代表智慧和知识,是个人成长和社会进步的重要推动力;"信"则强调诚信和信任,是维系社会信任和稳定的关键因素。儒家思想通过经典诵读、师德示范、礼仪实践等多种方式,将这些道德准则融入教育过程中。学生不仅要在知识层面理解和掌握这些准则,更要在实践中身体力行,形成良好的道德品质和行为习惯。这种教育模式有助于培养学生的道德自觉性和社会责任感,促进个人的全面发展和社会的和谐稳定。因此,在古代教育中,道德品质的培养被视为教育的核心任务之一。

（二）注重综合技能培养

在古代中国,教育并不仅仅局限于道德训诫,而是着眼于将学生培养成为全面发展的人才。其中的核心理念在"六艺"中得到了充分体现:礼、乐、射、御、书、数,每一项技艺都承载着深厚的教育意义,共同构成了古代教育的丰富内涵。"礼"的教育,不仅仅是简单的礼节教授,更是对学生仪态、规矩的全方位培养。它让学生从小就了解并践行社会交际中的礼节,从而在未来的社交场合中游刃有余,形成良好的社交能力。"乐"的教育则更多地体现在音乐、舞蹈等艺术形式的学习上。这不仅丰富了学生的审美体验,还培养了他们的情感表达能力和团队协作精神。在古代,乐不仅是娱乐,更是陶冶性情、培养情操的重要手段。"射"和"御"则是古代的武艺和驾车技能。通过练习射箭和驾车,学生的体魄得到了锻炼,更重要的是,他们从中培养了勇气、决断力和应变能力。这些品质在古代社会尤为重要,是成为一名杰出人才所必需的。"书"和"数"分别是书法和算术的学习。书法练习不仅要求学生掌握技巧,更要求他们培养耐心和专注力。而算术则锻炼了他们的逻辑思维和问题解决能力,为他们未来在各个领域的发展打下了坚实的基础。这六种技艺的综合培养,充分体现了古代教育对全面发展的重视。学生不仅在道德层面得到了提升,还在技能层面获得了全面的发展。这样的教育理念,不仅反映了当时社会对人才需求的多样性,更为后世的教育发展提供了宝贵的启示。

二、近代教育中的核心素养

(一)知识与技能的重视

随着工业革命的到来,机器生产逐渐取代了手工业,生产效率大幅提升,这一变革如狂风骤雨般席卷了整个社会,职业需求与社会结构都发生了翻天覆地的变化。这一历史性的进步,如同一股巨大的洪流,对教育领域产生了深远的影响。在工业革命的背景下,近代教育开始更加注重基础知识和基本技能的传授,以适应这一全新社会形态的发展需求。学校教育的重心开始转向阅读、写作、算术和科学知识等方面,这些都是为了适应工业社会对于快速、准确和高效工作的要求。阅读能力的培养变得尤为重要,因为它使学生能够迅速获取和理解大量的信息,为日后的学习和工作打下坚实的基础。而写作技巧则帮助学生清晰地表达思想和观点,使沟通变得更加高效和准确。算术和科学知识的教授更是为学生们提供了分析问题和解决问题的工具,使他们能够更好地适应各种职业需求。这种以基础知识和基本技能为核心的教育模式,不仅提高了学生的个人素养和竞争力,更为工业社会提供了源源不断的人才支持。学生们通过系统地学习和实践,逐渐成长为具备专业技能和知识的劳动者。他们掌握了机器操作、工艺流程和科技创新等能力,成为推动工业革命前进的重要力量。这些经过教育的劳动者,不仅提高了生产效率,也推动了社会的整体进步,为后世的发展奠定了坚实的基础。可以说,工业革命对教育领域的深远影响,使得教育更加贴近社会的实际需求,为工业社会提供了源源不断的人才支持。

(二)科学思维的培养

近代科学的发展对教育产生了深远影响,推动了教育界对学生科学思维和探究能力培养的重视。随着科学知识的不断积累和科学方法的日益完善,教育界意识到单纯的知识传授已不能满足时代的需求。因此,开始注重培养学生的科学思维和探究能力,使他们能够运用科学方法独立地思考问题、解决问题。这种转变体现在课程内容的设置上,科学课程不再仅仅是传授知识,更重要的是通过实验、观察、推理等科学方法,引导学生主动探究、发现规律。同时,教师在教学过程中也注重培养学生的批判性思维,鼓励他们敢于质疑、勇于探索,不断挑战自己的认知边界。此外,教育界还通过组织各种科学竞赛、科研项目等活动,为学生提供更多的实践机会,让他们在实践中锻炼科学思维和探究能力。这些活动不仅激发了学生的学习兴趣,还培养了他们的团队合作精神和创新能力。

三、现代教育中的核心素养

(一)综合能力的培养

随着社会的快速发展和科技的进步,现代教育迎来了全新的挑战与机遇。为了使学生更好地适应日新月异的社会环境,教育界开始将重心转向培养学生的综合能力,尤其是那些被视为未来社会所必需的核心素养。其中,批判性思维、创新能力、沟通能力以及合作能力成为教育的重点。批判性思维使学生不再满足于接受既有知识,而是学会独立思考、分析问题,对信息进行筛选和判断,从而形成自己的见解。创新能力则鼓励学生勇于尝试、敢于挑战,不断在知识与实践中寻求新的突破点,为社会的进步贡献力量。沟通能力是现代社会中不可或缺的技能,它要求学生能够清晰、准确地表达自己的想法,同时善于倾听他人的意见,实现有效的信息交流。合作能力则强调团队精神,让学生在集体中学会分工协作、相互支持,共同解决问题、达成目标。这些核心素养的培养不仅有助于学生的个人发展,更是他们未来融入社会、参与竞争的重要资本。现代教育通过课程改革、教学方法创新以及实践活动等多种途径,致力于将这些核心素养融入教育的每一个环节,为学生的全面发展奠定坚实的基础。这种教育理念的转变不仅体现了社会对人才的需求变化,也展现了教育与时俱进、服务社会的使命与担当。

(二)信息素养的提升

信息技术的快速发展为现代教育带来了翻天覆地的变革,信息素养因此成为现代教育中不可或缺的核心要素。信息素养涵盖了信息获取、信息处理、信息交流和信息安全等多个层面,这些层面的能力在当下数字化、信息化的社会中显得尤为重要。信息获取能力是基础上的基础,它要求学生或教育者能够熟练运用各种信息技术工具,从海量的信息中快速定位、筛选出自己需要的内容。信息处理能力则更进一步,要求人们不仅能够收集信息,还能对其进行有效的整理、分析和评价,从而提炼出有价值的知识或观点。信息交流能力在现代社会同样至关重要。无论是学术研究、团队合作还是日常生活,都需要人们能够清晰、准确地借助信息技术表达自己的思想,同时理解和尊重他人的观点,实现高效的信息交互和共享。信息安全能力也不容忽视。随着网络技术的飞速发展,信息安全问题日益突出。信息素养要求人们具备保护个人和集体信息安全的基本知识和技能,能够在享受信息技术带来便利的同时,有效防范各种信息安全风险。

(三)全球意识和跨文化能力的培养

全球化趋势如一股不可阻挡的潮流,将世界各地的人们紧密地连接在一起,不同文化之间的交流和互动因此变得日益频繁。在这一背景下,现代教育必须与时俱进,开始注重培养学生的全球意识和跨文化能力,以帮助他们更好地适应这个多元化、相互依存的世界。全球意识要求学生具备开阔的视野和包容的心态,能够理解和尊重不同文化、价值观和生活方式。为了实现这一目标,现代教育需要引入多元化的教学内容和方法,让学生接触并了解世界各地的历史、文化、社会和经济状况。同时,学校还应鼓励学生参与国际交流项目,如海外游学、国际志愿者活动等,让他们亲身体验不同文化的魅力,增强全球意识。跨文化能力则是在全球意识的基础上,进一步要求学生具备在不同文化背景下有效沟通和协作的能力。为了培养学生的跨文化能力,现代教育需要注重语言教学,让学生掌握一门或多门外语,为跨文化交流打下坚实的语言基础。此外,学校还应开设跨文化沟通课程,教授学生跨文化交际的技巧和策略,如文化适应、冲突解决等。通过这些课程的学习,学生可以更好地理解和接纳不同文化背景的人,有效避免文化冲突,实现和谐共处。

四、21世纪教育中的核心素养

(一)强调终身学习

随着知识更新速度的加快和职业变动的频繁,21世纪的教育领域迎来了巨大的挑战与机遇。在这个信息爆炸的时代,终身学习不再仅仅是一个口号,而是成为每个人适应社会发展的必备能力。教育界因此开始深刻反思并调整其培养目标,注重培养学生的自主学习能力和终身学习的意识。自主学习能力的培养是现代教育的核心任务之一。传统的填鸭式教学已经无法满足快速变化的知识需求,学生必须学会如何自我驱动、自我管理、自我提升。教育界通过创新教学方法、设计项目式学习、引入在线教育资源等手段,激发学生的学习兴趣,培养他们的自主学习习惯。同时,教师也逐渐从知识的传授者转变为学习的引导者和伙伴,帮助学生掌握学习策略、提升学习效率。终身学习的意识则是自主学习的延伸和拓展。在职业生涯中,每个人都会面临多次的职业转换和技能升级。具备终身学习意识的人,能够持续关注行业动态、主动学习新知识、不断提升自己的竞争力。教育界通过职业生涯规划教育、继续教育课程、社区学习平台等途径,为学生和成人学习者提供多样化的学习机会和资源,鼓励他们保持学习的热情和动力。终身学习和自主学习能力的培养是一项长期而艰巨的任务。它需要教育界的持续努力,也需要社会各界的支持和配合。

(二)关注社会责任和公民素养

在全球化和社会多元化的浪潮中,21世纪的教育体系正经历着深刻的变革。这种变革的核心在于,教育不再仅仅局限于知识的传授,而是更加注重培养学生的社会责任感和公民素养。这种转变反映了社会对未来一代的期待:他们不仅需要拥有扎实的学术基础,更需要具备面对复杂社会问题的能力,成为有担当、有责任感的公民。尊重多元文化,是这种教育变革的重要一环。在全球化的今天,不同文化之间的交流日益频繁,文化多样性成为社会发展的重要特征。因此,教育者开始强调培养学生对多元文化的理解和尊重,让他们学会欣赏和接纳不同的价值观和生活方式。这种教育不仅有助于拓宽学生的视野,也有助于构建更加和谐的社会环境。关注社会问题,是培养学生社会责任感的关键。在现代社会中,各种社会问题层出不穷,如环境污染、贫困问题、社会不公等。这些问题不仅影响着社会的发展,也直接关系每个人的生活。因此,教育者开始引导学生关注这些问题,培养他们的社会责任感和使命感。通过参与社会实践和志愿服务等活动,学生可以深入了解社会问题的成因和影响,积极寻求解决方案,为社会做出贡献。积极参与社会事务,是培养学生公民素养的重要途径。

(三)重视创新精神和创业能力

创新精神和创业能力,在当今社会中,已成为推动社会进步和发展的重要动力。面对日新月异的科技变革和全球化趋势,21世纪的教育体系正逐渐转向,着重培养学生的创新意识和创业能力,旨在帮助他们更好地应对未来的挑战和机遇。创新,不仅仅是技术的革新,更是一种思维方式和生活态度的转变。它要求学生不满足于现状,勇于挑战传统观念,敢于尝试新的方法和途径。在教育领域,这意味着教育者需要营造一个开放、包容的学习环境,鼓励学生自由思考、大胆质疑,培养他们的批判性思维和创新能力。与此同时,创业能力也逐渐成为教育的重要目标。创业不仅仅是为了创办一家公司或开展一项业务,更是一种解决问题的能力。它要求学生具备独立思考、团队协作、风险管理等多方面的能力。因此,教育者开始注重培养学生的实践能力,通过项目式学习、社会实践等方式,让学生在实践中锻炼创业能力,提升解决问题的能力。为了实现这一目标,教育体系也在进行深刻的变革。一方面,学校开始引入创新课程和创业项目,为学生提供更多的实践机会和资源支持。另一方面,教育者也在不断探索新的教学方法和手段,如翻转课堂、在线学习等,以更好地激发学生的学习兴趣和创造力。

第二节　核心素养的基本内涵

核心素养是指那些对个体适应未来社会生活至关重要的基本素养,它不仅涉及传统意义上的知识和技能,还涵盖了情感、价值观、态度等非认知领域(见图2-1)。核心素养旨在培养学生的全面发展,使其具备应对未来挑战和适应社会发展的能力。

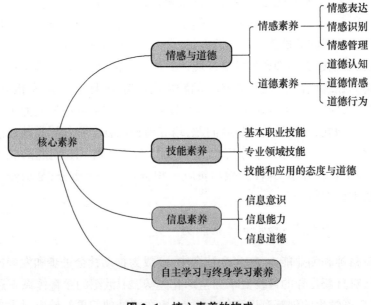

图 2-1　核心素养的构成

一、情感与道德素养的内涵

（一）情感素养

1. 情感表达

情感表达在人际交往中占据至关重要的地位。当个体能够清晰、准确地传达自己的情感状态时，他们不仅使对方理解了自己的内心世界，还激发了对方的共鸣和同情。这种情感的共鸣有助于拉近人与人之间的距离，建立起深厚的情感纽带。情感表达不仅仅是简单的言语交流，它涉及非言语信号、面部表情、肢体语言和声音调子等多个方面。通过综合运用这些元素，个体可以更加生动、真实地表达自己的情感，增强信息的传递效果。在日常生活中，情感表达对于建立亲密关系、促进有效沟通具有重要意义。无论是在家庭、友情还是职场中，情感表达都能够帮助个体更好地理解他人，减少误解和冲突，增进彼此之间的信任和理解。因此，培养和发展情感表达能力对于个体的情感健康和社会适应能力至关重要。

2. 情感识别

情感识别是个体在社交互动中展现出的重要能力，它意味着个体能够敏锐地感知他人的情感变化，深入理解他人的情感需求和状态。这种能力不仅仅是对他人情感的简单感知，更是一种对他人内心世界的洞察和理解。拥有良好情感识别能力的个体，往往能够更好地理解他人的感受和需求，从而展现出更强的同理心。他们能够设身处地想想他人的处境，体会他人的情感，这种情感共鸣有助于拉近彼此之间的距离，促进更加深入的人际交往。在人际交往中，情感识别能力的重要性不言而喻。它有助于增强个体的社交技巧，促进相互理解和尊重，减少误解和冲突。通过培养和提高情感识别能力，个体可以更加有效地与他人建立和维护关系，提升自己在社交场合的表现和影响力。

3. 情感管理

情感管理是个体在日常生活和工作中必不可少的一项技能。它指的是个体能够有效地调控自己的情绪，使之适应不同的情境和需求。情感管理不仅关乎个人情绪的稳定，更是个体在面对压力、挫折或冲突时能否保持冷静、理智应对的关键。一个情感管理能力强的个体，能够在遭遇困难或挑战时，迅速调整自己的情绪状态，避免被负面情绪所主导。他们懂得如何平衡情绪与理性，用更加成熟和建设性的方式去应对问题。这样的个体，不仅能够在工作中保持高效率，也能够在人际交往中展现出更加成熟和稳定的一面。情感管理对于个体的心理健康和成长也至关重要。通过有效地管理情绪,个体能够减少心理压力,提升自我认知,增强自信心,从而在面对生活的种种挑战时更加从容不迫、应对自如。

(二)道德素养

1.道德认知

道德认知是个体在道德领域中的核心素质,它涉及个体对道德原则、道德规范和道德价值的深入理解和认识。这种理解不仅包括对道德准则的知识掌握,更包含了对善恶、是非、正义等深层次道德问题的判断和认识。一个具有健康道德认知的个体,能够清晰地区分行为的对错,明确自己的道德立场,从而在日常生活中做出符合道德规范的行为选择。道德认知的形成和发展是一个长期的过程,它需要个体不断地学习、反思和实践。通过学习,个体可以获取道德知识,了解社会道德规范和价值观;通过反思,个体可以审视自己的行为,思考其是否符合道德标准;通过实践,个体可以将道德认知转化为实际行动,不断修正和完善自己的道德行为。在现代社会中,道德认知的重要性愈发凸显。它不仅关系个体的道德品质和行为表现,更关系整个社会的道德风尚和文明程度。

2.道德情感

道德情感是个体在道德行为中产生的情感体验,是道德行为的重要驱动力。当个体面临道德选择时,道德情感能够激发其内心的正义感、责任感和良心感,促使其做出符合道德规范的行为决策。这些情感不仅是对道德行为本身的认同和赞赏,更是对个体内心价值观的坚守和追求。正义感让个体明辨是非,坚决抵制不公正行为;责任感促使个体勇于承担责任,不逃避、不推诿;良心感则是个体内心深处的道德审判者,时刻提醒其保持行为的一致性和道德底线。这些道德情感共同构成了个体道德行为的内在动力机制,使其在面临道德挑战时能够坚守原则,做出正确的选择。因此,培养和激发个体的道德情感对于提升其道德行为水平具有重要意义。

3.道德行为

道德行为是个体道德素养的直接体现,它要求个体在面临道德选择时,能够基于自身的道德认知和道德情感,做出符合道德规范的行为决策。这种行为决策不仅要求个体遵守社会的道德规范,尊重他人的权益,还要求其积极维护社会的公正和公平。道德行为的形成并非一蹴而就,它源于个体长期的道德认知和情感积累。一个具有良好道德认知和情感的个体,在面对道德选择时,会自觉地将这些认知和情感转化为实际行动,表现出高度的道德自觉性和责任感。他们的行为不仅能够得到社会的认可和尊重,更能为社会注入正能量,推动社会的道德进步。因此,提高个体的道德行为水平,对于构建和谐社会、促进人类文明发展具有重要意义。这需要我们不仅注重个体的道德认知和情感培养,还要通过实践引导个体将道德认知和情感转化为实际行动,形成良好的道德行为习惯。

二、技能素养的内涵

(一)基本职业技能

基本职业技能是构成技能素养不可或缺的基石,其中沟通能力、团队协作能力和问题解决能力等尤为关键。这些技能不仅在日常工作中起着至关重要的作用,而且是个体在职场中取得成功的必要条件。沟通能力使得个体能够清晰、准确地传达自己的思想,理解他人的需求,从而建立起有效的信息交流和合作桥梁。团队协作能力则强调个体在团队中能够发挥自身优势,与他人协同工作,共同完成任务。而问题解决能力则是个体在面对挑战和困难时,能够迅速找到解决方案,创造性地解决问题的关键。这些基本职业技能为个体在职场中的生存和发展提供了坚实的基础。它们帮助个体与同事、上级、客户等建立良好的关系,促进团队合作,提高工作效率,也在解决问题和完成任务中发挥重要作用。因此,不断提升这些基本职业技能对于个体职业生涯的成功至关重要。

(二)专业领域技能

在专业领域内,技能素养的体现尤为明显,它表现为个体所掌握的特定技术技能和知识。这些技能和知识并不是一蹴而就的,而是需要个体经过长时间的学习、实践和经验积累才能获得。它们不仅代表了个体在特定领域或专业中的专业能力,更是其竞争力的直接体现。以医生为例,他们必须掌握深厚的医学知识,包括解剖学、生理学、病理学等,以便能够准确诊断疾病。此外,他们还需要具备精湛的诊断技能和手术技能,以确保为患者提供最佳的治疗方案。同样,程序员也需要具备扎实的编程技能,熟悉各种编程语言和开发工具;他们还需要具备出色的算法设计能力,能够针对复杂问题设计出高效的解决方案;同时,软件开发能力也是必不可少的,这包括需求分析、系统设计、代码编写、测试和维护等全过程。

(三)技能和应用的态度与道德

技能素养的完整性不仅仅局限于具体的技能和知识,它还涵盖了个体在技能应用中所展现出的态度、责任心和职业道德等方面。这些软性素质对于技能的有效发挥和持续提升起了至关重要的作用。一个具备高度技能素养的个体,不仅技术过硬,更在态度上积极向上,勇于面对挑战和困难。他们具备强烈的责任心,深知自己的每一个行动都与团队、组织甚至社会的利益息息相关,因此始终尽心尽责地完成任务。同时,良好的职业道德也是他们不可或缺的品质,无论是在工作中还是面对诱惑,都能坚守原则,维护公正和公平。这样的个体,不仅在工作中表现出色,更能为社会带来积极的影响。因此,我们不能仅仅关注技能和知识的提升,更要注重培养个体在技能应用中的软性素质,以确保他们能够在各个领域都展现出卓越的技能素养。

三、信息素养的内涵

(一)信息意识

信息意识是个体对信息环境的一种敏感度和对信息价值的深刻理解。它不仅仅是对信息的简单接收和处理,更是一种对信息价值的主动追求和挖掘。这种意识使得个体在面对繁杂的信息世界时,能够迅速捕捉到有价值的信息,并将其转化为解决问题和推动工作的有力工具。具备良好的信息意识意味着个体能够自觉地、积极主动地寻求信息,对信息问题保持高度的敏感性和警惕性。他们不仅关注眼前的问题,更能够从信息角度进行深入分析和思考,发现潜在的问题和机会。这种意识使得他们在日常生活和工作中,无论是面对学习、工作还是生活中的各种挑战,都能够迅速找到问题的症结所在,并通过信息的获取、分析和利用来找到解决问题的有效途径。因此,信息意识不仅是个体在信息时代必备的一种基本素养,更是其在职场竞争和社会生活中取得成功的关键。一个具备高度信息意识的个体,能够在激烈的竞争中脱颖而出,不断学习和进步,成为信息时代的佼佼者。

(二)信息能力

信息能力是个体在应对信息社会挑战时的核心技能,它涵盖了从基本的信息获取到高级的信息创新等多个方面。一个具备较高信息能力的个体,不仅能够熟练运用各种信息技术和工具,还能够有效地对信息进行获取、处理、分析和利用。他们具备出色的信息分析能力,能够从海量信息中筛选出有价值的内容,为决策提供有力支持。同时,他们还能够对信息进行深入的加工和整理,使其变得更加有序、易于理解和利用。此外,信息能力还体现在个体的信息传递和信息评价方面。他们能够准确地传递信息,确保信息在传递过程中不失真、不遗漏。同时,他们还具备对信息进行评价的能力,能够判断信息的真伪、优劣,从而避免被错误或虚假信息误导。在信息社会,信息能力的重要性不言而喻。它对于个体在学习、工作和生活中的决策、问题解决以及创新活动都具有重要意义。一个具备较高信息能力的个体,往往能够在激烈的竞争中脱颖而出,成为时代的弄潮儿。因此,培养和提升个体的信息能力,无疑是信息时代教育和社会发展的重要任务。

(三)信息道德

信息道德是信息社会中个体行为的重要准则,它要求人们在信息活动中遵循一系列道德规范和伦理准则。这些准则涵盖了从尊重知识产权、保护个人隐私到维护信息安全等多个方面,确保信息社会的健康、有序发展。一个具备良好信息道德的个体,在信息活动中会表现出诚实守信、尊重他人和负责任的态度。他们深知知识产权的重要性,不会随意侵犯他人的智力成果;他们尊重个人隐私,不会泄露他人的私人信息;他们维护信息安全,防止信息被滥用或篡改。在信息的获取、处理、传播和利用过程中,他们始终坚守道德底线,确保信息活动的合法性、公正性和真实性。具备良好的信息道德不仅有助于维护个体的声誉和形象,更是对社会负责的表现。在信息社会,信息的传播和利用日益频繁,信息道德的重要性也愈发凸显。只有每个个体都自觉遵守信息道德准则,才能共同营造一个健康、和谐的信息环境,推动信息社会的持续发展。因此,加强信息道德教育,培养个体的信息道德意识,是信息时代不可或缺的任务。

四、自主学习与终身学习素养的内涵

自主学习与终身学习素养的基本内涵,体现了个人在学习过程中的主动性与持续性,是现代社会对个体学习能力的基本要求。具备这种素养的个体,不仅能够自我驱动、自我规划,实现个性化学习,而且能够不断适应社会发展的需求,持续更新知识和技能,从而实现终身学习。自主学习素养强调的是个体在学习过程中的主动性与自我管理能力。自主学习者具备明确的学习目标和动机,能够根据自己的需求和兴趣制订学习计划,选择适合的学习资源和方法。他们善于运用各种学习策略,如批判性思维、问题解决和合作学习等,以提高学习效率和质量。同时,自主学习者还具备自我监控和反思的能力,能够及时调整学习策略,保持学习的持续性和深入性。终身学习素养则体现了个人对学习的持续追求和适应社会发展的能力。在快速发展的信息时代,知识和技能的更新速度日益加快,终身学习成为个体不断适应社会需求、提升自身竞争力的重要途径。具备终身学习素养的个体,不仅能够在职业生涯中持续学习和发展,还能够积极参与社会文化活动,丰富个人生活和精神世界。他们善于利用各种学习资源和机会,如在线课程、社区活动、工作实践等,以不断拓展自己的知识和技能。同时,他们还能够保持积极的学习态度和习惯,如好奇心、求知欲、探索精神等,以应对未来社会的挑战和变化。

第三节　核心素养概念的理论定位

一、核心素养的理论溯源

(一)西方教育理论

1. 哲学与心理学基础

　　核心素养的理论深植于古希腊哲学家亚里士多德提出的"全面发展的人"的概念之中。亚里士多德坚信,教育的终极目标是培养出道德、智慧和身体三者和谐并进、全面发展的人。这一前瞻性的观点为后续教育理论的发展奠定了坚实的基础,成为后世教育学家不断追求的理想。随着时代的演进,心理学研究的深入为核心素养的探讨注入了新的活力。皮亚杰的认知发展理论便是其中的杰出代表,他强调儿童认知能力呈现阶段性发展的特点,这一发现为教育工作者提供了宝贵的心理学支撑,使他们能更加精准地理解和培养学生的核心素养。皮亚杰的理论揭示了儿童在不同年龄阶段认知能力的变化和特点,为核心素养的阶段性培养提供了科学依据。与此同时,人本主义心理学的兴起进一步丰富了核心素养的理论内涵。该流派注重人的自我实现和全面发展,认为教育应尊重个体的差异和需求,促进人的潜能得到最大限度的发挥。这一理念与核心素养的精髓不谋而合,共同指向了培养全面发展、适应社会需求的人才目标。

2. 教育学与课程理论的发展

　　在教育学领域,核心素养的理论与课程理论的发展紧密相连,共同推动着教育的进步与革新。20世纪初,美国杰出的教育家杜威提出了革命性的"儿童中心"课程理念,这一理念强调课程的设计应紧密围绕儿童的兴趣和需求展开。杜威的这一观点对后来的课程改革产生了深远的影响,它不仅引导教育工作者将关注点从单纯的知识传授转向学生的全面发展,而且为核心素养的融入课程体系奠定了坚实的基础。随着教育改革的不断深入,课程理论家们开始积极探索如何通过精心的课程设计来有效培养学生的核心素养。例如,布鲁纳的结构主义课程理论就着重强调了学科结构的重要性。他认为,通过帮助学生掌握学科的基本概念、原理和方法,不仅能够提升学生的学科素养,还能够使他们形成适应未来社会挑战的核心素养。布鲁纳的理论为核心素养的培养提供了有力的学科支撑。与此同时,人本主义课程理论也在为核心素养的培养贡献着自己的力量。这一理论强调,课程的设计应关注学生的情感、态度和价值观的培养,而不仅仅是知识的传授。人本主义课程理论认为,教育的真正目的在于促进学生的自我实现和全面发展,而这与核心素养的理念是高度契合的。

3. 国际组织与政策推动

国际组织在教育领域的政策推动对核心素养的理论发展起了举足轻重的作用。以联合国教科文组织(UNESCO)为例,该组织在20世纪70年代便高瞻远瞩地提出了"终身教育"的先进理念,这一理念强调教育不仅仅是人生某个阶段的任务,而应贯穿于人的一生,尤其注重培养个体的自主学习能力、创新精神和责任感等核心素养。这一划时代的理念为后续的教育改革指明了方向,提供了重要的指导原则。进入21世纪,随着经济全球化和知识经济的蓬勃发展,国际组织对于教育改革和核心素养的培养给予了前所未有的关注。经济合作与发展组织(OECD)便是其中的佼佼者,该组织启动了具有里程碑意义的"素养的界定与遴选:理论和概念基础"项目(DESECO)。该项目从社会愿景和个人生活需求两个维度出发,深入探讨了核心素养的框架构建。经过深入研究,DESECO项目提出了核心素养应涵盖互动地使用工具、在社会异质团体中有效互动以及自主行动三大方面。这一全面而深刻的核心素养框架为后续的研究和实践提供了宝贵的参考,有力地推动了全球范围内核心素养研究的深入发展。

(二)我国教育理论

1. 国际核心素养理论的引入与影响

我国核心素养的理论发展确实受到了国际核心素养理论的深刻影响。随着全球经济一体化的加速推进和知识经济的蓬勃发展,国际组织如联合国教科文组织(UNESCO)和经济合作与发展组织(OECD)等相继提出了一系列关于核心素养的框架和理念。这些前沿理念逐渐传入我国,引起了我国教育理论界的广泛关注和深入研讨。在借鉴与吸收国际先进经验的基础上,我国学者开始积极探索如何将核心素养融入本土教育实践,以培养出适应未来社会挑战、具备国际竞争力的人才。这一过程中,我国教育理论界不断深化对核心素养内涵与外延的理解,尝试构建符合我国国情和教育实际的核心素养体系。同时,学者们还关注核心素养在不同教育阶段、不同学科领域的具体体现,致力于将核心素养理念贯穿于课程目标、教学内容、教学方法和评价方式等各个环节。通过这一系列研究与实践,我国核心素养理论得到了不断丰富和完善,为我国教育改革和发展提供了有力的理论支撑和实践指导。

2. 我国教育政策对核心素养的推动

我国政府在教育改革进程中,始终将核心素养的培养置于重要位置。早在 2010 年,《国家中长期教育改革和发展规划纲要(2010—2020 年)》便高瞻远瞩地提出要发展学生的核心素养,这一战略决策为我国教育改革指明了方向。仅仅五年后,2015 年,《教育部关于全面深化课程改革落实立德树人根本任务的意见》进一步强调了加快"核心素养体系"建设的紧迫性和重要性。这些具有里程碑意义的政策文件不仅彰显了我国政府对核心素养培养的高度重视和坚定决心,也为我国教育理论界深入研究核心素养、探索其内涵与价值提供了坚实的政策支持和明确的指导方向。在政策的引领和推动下,我国教育理论界和实践界紧密合作,共同致力于将核心素养理念融入教育教学全过程,以培养出更多具备创新精神、实践能力和社会责任感的新时代人才。

3. 我国教育理论界对核心素养的研究与探索

在政策的有力推动下,我国教育理论界对核心素养展开了全面而深入的研究与探索。众多学者纷纷从不同角度切入,对核心素养的内涵、特点、价值等重要方面进行了深入的阐述和精到的解读。他们不仅深入挖掘了核心素养的深层含义,还对其在教育实践中的具体应用进行了广泛探讨。与此同时,学者们还积极致力于探索如何将核心素养理念有效融入课程设计、教学方法、评价体系等教育教学的各个环节中。他们通过创新课程设计,优化教学方法,完善评价体系,努力将核心素养的培养贯穿于学生的整个学习过程,以期实现学生全面发展的宏伟目标。这些富有成效的研究和探索,不仅极大地丰富了我国教育理论的宝库,也为我国教育实践提供了有力的理论支撑和宝贵的指导。实践证明,核心素养的培养对于学生的全面发展、社会的进步以及国家的长远发展都具有十分重要的意义。因此,我们必须继续深化对核心素养的研究,不断完善相关理论和实践体系,为我国教育事业的蓬勃发展贡献智慧和力量。

二、核心素养的理论定位

(一)时间范围的要求

核心素养的发展紧密关联着学生的学段,它聚焦于学生在各个成长阶段所能达到的能力和素质水平。为了确保教育的针对性和有效性,核心素养的培育必须与学生的实际发展阶段相匹配。既不能低于学生现有的能力水平,以免造成教育资源的浪费和阻碍学生的正常发展,也不能超出学生的接受能力,以免导致学习上的挫败感和无效努力。核心素养的培养是一个长期、系统的过程,强调持续不断、循序渐进地学习和实践。在这个过程中,学生通过不断地积累知识和经验,逐步提升自己的能力和素质,形成适应未来社会和个人发展所需的核心素养。这种学习过程是动态的、发展的,随着学生的成长和变化而不断调整和优化。每个学生的成长轨迹和学习需求都是独特的,因此核心素养的培养不能简单地套用固定的模式或标准。教育者需要深入了解学生的个体差异和发展规律,根据他们的实际情况制定个性化的教育方案。通过灵活多样的教学方法和手段,激发学生的学习兴趣和动力,引导他们在适合自己的学习路径上不断前进。同时,教育者还需要时刻关注学生的学习进展和反馈,及时调整教育策略和方法。他们需要与学生建立积极的互动关系,倾听学生的声音,了解他们的需求和困惑,为他们提供及时的指导和帮助。这种动态调整和优化的教育过程有助于确保学生的学习效果和质量,促进他们的全面而充分地向前发展。

(二)满足发展的对象

核心素养的核心理念是深远而宏大的,它旨在培养学生具备适应终身发展和社会发展所需的全面能力。这不仅仅局限于满足当前生活需求的知识和技能,更着眼于未来,要求学生具备前瞻性的思维和能力,以应对未来社会多元化、复杂化的挑战和变化。在科技的飞速进步和社会的持续发展的背景下,未来社会将呈现出前所未有的多元化和复杂化特点。学生必须拥有强大的适应能力和创新能力,才能在这个日新月异的时代中立足并脱颖而出。这要求他们不仅要掌握扎实的知识基础,还要具备独立思考、解决问题的能力,以及勇于探索、敢于创新的精神。同时,作为未来社会的主人翁,学生还需要肩负起推动社会发展的重任。这不仅仅要求他们具备丰富的知识和技能,更要求他们拥有高尚的道德品质、强烈的社会责任感和使命感。他们需要关注社会热点问题,积极参与公益事业,用自己的知识和能力为社会的进步和发展贡献自己的力量。因此,核心素养的培养不仅仅关乎学生个人的成长和发展,更与整个国家和社会的未来紧密相连。它要求学生具备全面的素质和能力,以适应不断变化的社会环境和发展需求。这既是教育的使命和责任,也是社会的期望和要求。为了培养学生的核心素养,教育者需要不断更新教育观念,创新教育方法,注重学生的主体性和参与性,激发他们的学习兴趣和动力。同时,还需要加强与社会各界的合作与交流,共同为学生的全面发展营造良好的环境和氛围。

(三)核心素养的终极定位

核心素养,简而言之,是学生在接受相应学段教育过程中,通过不断学习和实践而逐步形成的必备品质和关键能力。它不仅是知识、能力、态度或价值观的综合体现,更是传统教育理论中基础知识和基本技能的拓展与升华。在核心素养的框架下,教育不再仅仅关注学生对知识点的掌握,而是更加注重对他们情感、态度和价值观的全面培养。这种融合性的教育理念旨在打造一种全面发展的教育模式,确保学生能够适应个人终身发展和社会发展的双重需要。通过核心素养的培养,学生不仅能够获得扎实的知识基础,更能够掌握解决问题的能力,形成积极向上的情感态度和正确的价值观念。这些素养和能力将伴随学生一生,成为他们应对未来挑战、实现个人价值和社会价值的重要支撑。然而,核心素养的培养并非一蹴而就的过程。它需要教育者在整个教育过程中持续地、系统地进行引导和培育,确保学生在学习的各个阶段都能得到全面而均衡的发展。这需要教育者具备深厚的专业素养和教育智慧,能够根据学生的实际情况和发展需求,制定个性化的教育方案,灵活运用各种教育方法和手段,激发学生的学习兴趣和动力,引导他们在核心素养的各个方面都能取得实质性的进步。

(四)跨学科性和整体性

核心素养强调了学生素养发展的跨学科性与整体性,这一理念明确指出,在教育的过程中,单一学科知识的掌握已不再是唯一重点,更重要的是要培养学生的跨学科思维方式和综合能力。为了达到这个目标,教育必须打破各个学科之间的固有壁垒,为学生创造一个多样化的学习环境,使他们能够在这样的环境中全面提升自己的能力。为了实现这一转变,教育者需要设计具有综合性的学习任务,这些任务不仅要求学生运用某一学科的知识,更要鼓励他们融合多学科的知识来解决问题。通过这样的过程,学生的批判性思维、创新思维以及协作能力都会得到锻炼和提升。这样的教育模式不再局限于传统的知识灌输,而是更加注重学生的主动性和参与性,让他们在实践中学习和成长。同时,核心素养还非常关注学生的态度与价值观的塑造。它要求在教育的过程中融入品德教育,不仅要教书,更要育人。教育者需要引导学生形成积极向上的生活态度,培养他们的社会责任感,使他们成为既有知识,又有品德的新时代好青年。这样的教育理念不仅关注学生的现在,更着眼于他们的未来,旨在为他们打造一个更加美好的人生。

(五)共同性和关键性

核心素养,这一概念并非专为某一特定人群或领域所设,它是面向全体社会成员的共同追求。其普遍性与关键性使得它超越了特定学科或领域的界限,成为在各种情境和场合中都能发挥作用的基本素养。这种普适性意味着,无论个体身处何种环境、从事何种职业,核心素养都是其成长和发展中不可或缺的要素。核心素养的培养不仅关乎个人的提升,更与整个社会的进步和繁荣息息相关。它涵盖了知识、能力、态度等多个层面,旨在确保人们能够具备适应社会发展和个人成长所需的各种关键能力。这些素养是人们在日常生活中解决问题、应对挑战、与他人沟通交流所必须掌握的基本技能。在快速变化的社会环境中,核心素养的重要性愈发凸显。它帮助人们更好地适应和应对各种复杂情境,提升个人的综合素质和社会竞争力。同时,具备核心素养的个体也能在社会中发挥更大的作用,为社会的进步和繁荣贡献更多力量。因此,核心素养的培养应成为教育工作的重中之重。教育者们需要在教育的全过程中贯穿核心素养的理念,通过多样化的教育方法和手段,确保每个学生都能在全面发展的道路上稳步前行。这不仅需要教育者具备深厚的专业素养和教育智慧,更需要他们持续更新教育观念,创新教育方法,以满足学生不断变化的发展需求。

第二章 综合学习的概述

第一节 综合学习的内涵

一、综合学习在现代教育中的重要性

(一)培养学生的综合素质

综合学习强调跨学科、跨领域的知识融合,这种学习方式具有深远的意义。它打破了传统学科之间的壁垒,使学生能够在学习过程中接触到更广泛、更丰富的知识。通过综合学习,学生可以将不同学科的知识相互关联,形成全面的知识体系和综合素质。这种全面的知识体系不仅有助于学生更好地理解世界,还能够使他们更灵活地应对未来社会的多元化需求。同时,综合学习在提高学生问题解决能力和创新能力方面也发挥着重要作用。面对复杂多变的问题,学生需要运用多学科的知识和思维方式来寻找解决方案。综合学习正是通过跨学科的学习方式,培养了学生的多元化思维和创新精神,使他们在面对问题时能够提出新颖、有创造性的解决方案。

(二)激发学生的学习兴趣

综合学习以主题或项目为核心,巧妙地将各科知识和技能融为一体,打破了传统分科学习的局限。这种学习方式设计巧妙,充满趣味,让学生在探索中感受知识的魅力。它不再是枯燥的理论堆砌,而是生动实践的舞台,每个学生都能在这里找到自己的兴趣点,积极投入其中。同时,综合学习的挑战性也激发了学生的斗志,让他们在攻克难题的过程中体验成功的喜悦。这种学习方式不仅让学生收获了知识,更在无形中培养了他们的创新思维和解决问题的能力。可以说,综合学习是一种高效且有趣的教育方式,它让学习变得更加轻松愉悦,也让每个学生都有机会在知识的海洋中畅游,探索未知的领域,书写属于自己的精彩篇章。

(三)提高学生的自主学习能力

综合学习要求学生主动参与、自主探究,这种学习方式对于培养他们的自

主学习能力和终身学习的意识至关重要。在综合学习的过程中,学生不再是被动地接受知识,而是需要主动地去探索、去发现,这样的学习方式能够激发他们的学习热情和求知欲。为了完成学习任务,学生需要学会如何获取信息、如何对信息进行分析和处理,以及如何运用所学知识来解决问题。这些过程不仅锻炼了学生的思维能力,更培养了他们的自主学习能力。而这种自主学习能力,正是未来学习和生活中不可或缺的重要能力。无论是在学校还是在工作中,学生都需要不断地学习新知识、新技能,以适应不断变化的环境。具备自主学习能力的学生,能够更好地应对这些挑战,不断地提升自己。因此,综合学习不仅是一种学习方式,更是一种能力的培养和意识的提升,它为学生未来的学习和生活奠定了坚实的基础。

(四)培养学生的团队合作精神

综合学习倡导学生以小组为单位展开合作,这一模式不仅促进了学生间的互动与交流,更在无形中培育了他们的团队合作精神和沟通能力。在小组合作的过程中,每个学生都能发挥自己的特长,为共同的目标而努力。他们学会了倾听他人的意见,尊重彼此的不同,也在分歧中找到了共识,深化了理解。这样的经历让学生明白,团队的力量是强大的,只有相互支持、共同进步,才能走得更远。而这种团队合作精神和沟通能力,不仅仅在学习上有着重要的应用,更是他们未来步入职场、融入社会所必备的关键技能。无论是在项目管理、团队协作还是日常沟通中,这些能力都将助力他们更好地适应环境,实现个人价值。因此,综合学习不仅提升了学生的知识水平,更为他们的全面发展奠定了坚实的基础。

(五)增强教育与社会联系

综合学习着重于学校与社会的紧密联系,致力于将教育内容与社会实际深度融合。这种学习方式不仅使学生能够在课堂上获取知识,更能够让他们在实践中感知社会的脉搏,理解社会的运作。通过参与社区服务、实地考察、社会调研等活动,学生得以深入了解社会的多样性和复杂性,感受社会的发展与变化。这种学习方式极大地增强了教育的社会性和实用性,使学生不再局限于象牙塔内,而是能够真正地融入社会、服务社会。同时,这种紧密结合社会实际的教育方式也培养了学生的社会责任感和使命感,使他们更加明确自己的学习目标和人生方向。因此,综合学习不仅是一种教育理念,更是一种实践行动,它让学生在学习中了解社会,在了解中服务社会,实现了教育与社会的无缝对接。

二、综合学习的基本内涵

(一)知识整合与跨界思维

1. 学科间的融合与衔接

在综合学习中,学科之间的融合与衔接内涵丰富,是提升教育质量、培养学生综合素养和创新能力的关键所在。这种融合与衔接不仅意味着不同学科知识的简单相加,更是一种深度的整合与互补,旨在打破传统学科间的壁垒,构建一个更加连贯、完整的知识体系。学科之间的融合,即跨学科学习,鼓励学生将不同学科的知识、方法和视角相互渗透、相互融合,从而形成一种全新的认知方式。这种融合不仅有助于学生对知识的深入理解和全面把握,更能激发他们的创新思维,培养他们从多角度、多层面分析问题的能力。通过融合,学生可以学会在复杂情境中灵活运用所学知识,实现知识的有效迁移和应用。学科间的衔接则强调不同学科之间的逻辑关联和相互促进。在综合学习中,各个学科不再是孤立的存在,而是相互依存、相互支撑的知识网络。这种衔接有助于学生建立系统化的知识框架,将所学知识有机地串联起来,形成更加完整、连贯的知识体系。通过衔接,学生可以更好地把握知识之间的内在联系,增强学习的连贯性和整体性。

2. 创新能力与问题解决能力的培养

在综合学习中,创新能力与问题解决能力培养的内涵十分丰富,它们共同构成了现代教育的重要目标。创新能力是指学生具备能够综合运用已有知识、信息、技能和方法,提出新问题、新观点的思维能力和进行发明创造、改革革新的意志、信心、勇气和智慧。它是一种综合性的能力,具有发展性、创见性和开拓性,是学生全面发展的关键素质。在综合学习中,创新能力的培养贯穿于整个学习过程,通过跨学科的学习、实践活动的参与以及创新思维的训练等方式,激发学生的创新潜能,培养他们的创新意识和创新能力。在综合学习中,问题解决能力的培养同样占据重要地位。通过问题导向的学习、案例分析、项目实践等方式,学生可以学会如何发现问题、分析问题、解决问题,并在此过程中锻炼他们的批判性思维、合作精神和实践能力。

(二)技能应用与实践能力

1. 学以致用的理念

在综合学习中,学以致用的理念内涵极为丰富且深刻,它不仅是现代教育的核心理念,更是促进学生全面发展、增强其实践能力和培养创新精神的关键所在。这一理念着重强调学习与实践的紧密结合,鼓励学生将课堂所学灵活应用于实际生活中,实现知识的有效转化和利用。它打破了传统教育模式下学生被动接受知识的局限,转而倡导学生主动从现实生活中发现问题、提出问题,并运用所学知识积极寻找解决方案。这种以问题为导向的学习方式不仅极大地激发了学生的学习兴趣,更有效地锻炼了他们的实践能力和问题解决能力。学以致用还强调学习的针对性和实用性,鼓励学生根据个人兴趣和职业发展需求,有针对性地选择学习内容,通过深入学习和实践应用,将知识内化为自身的能力和素质。同时,教师也需结合学生的实际情况,设计具有实际应用价值的学习任务和项目,让学生在实践中真正掌握有用的知识和技能。此外,学以致用更倡导学习与实践的相互促进,鼓励学生勇于尝试、敢于实践,善于从实践中总结经验教训,发现新的知识和规律,以推动知识的创新和发展。这种学习与实践的良性循环,不仅显著提升了学生的学习效果和实践能力,更有助于培养他们的创新精神和终身学习的意识。最终,学以致用的理念还体现了教育的根本目的——培养具备社会责任感、实践能力和创新精神的新时代人才,他们将通过自身努力,将所学知识应用于社会生活中,为推动社会的进步和发展贡献自己的力量。

2. 动手操作与实践经验的积累

在综合学习中,动手操作与实践经验积累的内涵至关重要,它们是提升学生综合素质、培养创新能力和解决实际问题能力的核心要素。通过动手操作,抽象知识得以具象化,使学生更深入地理解和掌握知识;而实践经验的不断积累则为学生提供了宝贵的学习资源,助其在不断尝试、探索和反思中茁壮成长。在综合学习中,动手操作不仅仅是一种简单的学习方式,更是一种将理论与实践紧密结合的有效手段。它要求学生不仅要动脑思考,更要动手实践,通过实际操作来验证和巩固所学知识。在这个过程中,学生需要运用所学知识来指导自己的操作,并在操作中不断发现新问题、学习新知识。这种学习方式极大地激发了学生的学习兴趣,增强了他们的学习积极性和自主性,也培养了学生的观察力、分析力和动手能力。实践经验积累则是动手操作的自然延伸和深化。学生在实践中不断尝试、探索,通过亲身经历和实际操作来积累经验,形成自己的认知体系。这些经验不仅是对所学知识的有力验证和巩固,更是新知识、新技能产生的源泉。通过实践经验的积累,学生可以更加深入地理解和掌握知识,提高自己的学习能力和解决问题的能力。同时,实践经验还能够帮助学生形成正确的价值观和世界观,培养他们的社会责任感和团队合作精神。

(三)情感态度与价值观的塑造

1. 人际交往与团队协作

在综合学习中,人际交往与团队协作的内涵十分丰富,它们是提升学生社会适应能力、促进个人全面发展的重要因素。人际交往是指个体在社会生活中与他人建立联系、交流思想、情感和信息的过程,而团队协作则是个体在团队中为实现共同目标而相互配合、相互支持的行为。在综合学习中,人际交往与团队协作密不可分。首先,良好的人际交往能力是团队协作的基础。学生需要学会与他人有效沟通,理解并尊重他人的观点和感受,才能建立起良好的合作关系。其次,团队协作能够提升学生的人际交往能力。在团队中,学生需要学会倾听、表达、协调、妥协等多种交往技巧,以应对不同的人际关系和团队情境。此外,人际交往与团队协作还能够培养学生的社会责任感和集体荣誉感。在团队中,每个学生都扮演着重要的角色,他们的行为和表现直接影响着团队的整体效果。因此,学生需要学会承担责任、关心他人、为团队着想,从而培养出强烈的社会责任感和集体荣誉感。

2. 社会责任与道德培养

在综合学习中,社会责任与道德培养的内涵深远而重要,它们是构建和谐社会、推动个人全面发展的基石。社会责任是指个体在社会生活中应承担的义务和责任,它要求个体不仅关注自身利益,更要关注社会整体利益,积极参与社会公共事务,为社会进步贡献力量。而道德培养则是指通过教育和自我修养,形成正确的道德观念和行为习惯,以良好的道德品质指导自己的言行。在综合学习中,社会责任与道德培养紧密相连。首先,培养学生的社会责任感是道德教育的重要目标之一。学生应该意识到自己是社会的一员,自己的行为会对社会产生影响,因此应该积极履行自己的社会责任,为社会做出贡献。这种责任感的培养需要学生关注社会现实问题,了解社会发展和变革的趋势,明确自己的社会角色和使命。其次,道德培养是履行社会责任的基础。一个具有高尚道德品质的人,才能真正地履行自己的社会责任。在综合学习中,学生应该通过学习和实践,培养诚实、守信、正直、公正等道德品质,形成正确的价值观和人生观。这些道德品质将指导学生在未来的社会生活中,以正确的态度和行为面对各种挑战和诱惑,坚守自己的道德底线。此外,综合学习中的各种活动和实践也是培养社会责任和道德的重要途径。通过参与社会公益活动、志愿服务、环保行动等,学生可以更加直观地了解社会问题和需求,增强自己的社会责任感和使命感。同时,这些活动也可以帮助学生锻炼自己的组织协调能力、沟通能力和团队合作精神,为未来的社会生活和职业发展打下坚实的基础。

(四) 自主学习与终身学习能力

1. 学习策略与方法的选择

在综合学习中,策略与方法选择的内涵至关重要,它们直接影响着学习者的学习效率和成果质量。策略是指学习者在学习过程中所采用的整体方案或行动计划,而方法则是实现策略的具体手段或技巧。在综合学习中,策略与方法的选择紧密相关,共同构成了有效学习的核心要素。综合学习强调跨学科、综合性的知识掌握和能力培养,因此,学习者需要灵活运用多种策略和方法。首先,学习者应根据自身的学习风格、兴趣和能力,选择适合自己的学习策略。例如,有的学习者善于通过视觉学习,可以选择图表、图像等视觉辅助材料;有的学习者则倾向于听觉学习,可以通过讲座、音频资料等方式获取知识。其次,方法的选择同样关键。在综合学习中,学习者需要掌握并运用多种学习方法,如归纳总结、对比分析、实验探究等。这些方法可以帮助学习者更好地理解和掌握知识,提高学习效率。例如,通过对比分析不同学科的知识点和解决问题的方法,学习者可以发现它们之间的内在联系和规律,从而加深对知识的理解。此外,策略与方法的选择还需要根据学习内容和目标进行调整。不同的学科和知识领域有不同的学习特点和要求,学习者需要有针对性地选择策略和方法。同时,随着学习进程的推进和学习目标的调整,学习者也需要及时调整自己的策略和方法,以适应新的学习需求。

2. 持续学习的动力与能力培养

在综合学习中,持续学习的动力与能力培养的内涵十分丰富,它们是推动学生不断学习、不断进步的重要力量。首先,持续学习的动力来源于学生对知识的渴望和对学习的兴趣。在综合学习中,学生应该被鼓励去探索自己感兴趣的领域,发现学习的乐趣,从而激发内在的学习动力。同时,学生也应该明确自己的学习目标,了解学习的重要性,从而产生持续学习的外在动力。这种内外结合的动力机制能够使学生保持持久的学习热情,不断追求新的知识和技能。其次,持续学习的能力培养需要学生掌握有效的学习方法和策略。在综合学习中,学生应该学会如何制订学习计划、如何管理时间、如何获取和筛选信息、如何与他人合作学习等。这些方法和策略能够帮助学生更高效地学习,提高学习效果,从而增强他们的学习自信心和满足感。这种正向的反馈机制会进一步激发学生的学习动力,形成良性循环。此外,综合学习还强调培养学生的自主学习能力和创新能力。自主学习能力是指学生能够根据自己的学习需求和兴趣，主动地选择学习内容、调整学习进度、监控学习过程并评估学习成果的能力。创新能力则是指学生在掌握现有知识的基础上，能够提出新问题、新观点或新方法的能力。这两种能力的培养都需要学生在综合学习中不断尝试、探索和实践，勇于面对挑战和失败，从而不断提升自己的学习能力和综合素质。

第二节　综合学习的关键要素

一、跨学科性

综合学习强调打破学科界限，整合不同领域的知识和技能，这一理念在当今教育领域中愈发受到重视。它意味着学习者需要掌握并灵活应用多个学科的知识，以更全面、多角度地理解和解决问题。这种跨学科的学习方式不仅能够拓宽学习者的视野，还能够培养他们的综合素养和创新能力，为他们未来的发展奠定坚实的基础。在传统教育模式下，学科之间往往存在着明显的界限，学习者被要求按照固定的学科框架进行学习。然而，现实世界中的问题往往是复杂多变的，它们不会按照学科的划分来出现。因此，传统的学习方式往往无法有效地应对这些实际问题，导致学习者在面对复杂情境时感到无所适从。而综合学习则打破了这种界限，它鼓励学习者将不同学科的知识和技能进行整合，以形成更加全面、深入的理解。通过综合学习，学习者可以了解到不同学科之间的联系和共通之处，从而更好地把握问题的本质。同时，他们也可以借鉴不同学科的方法和工具，以更加灵活多样的方式解决问题。要实现综合学习，学习者需要具备跨学科的知识和技能。这意味着他们不仅要掌握本学科的核心概念和原理，还要了解其他相关学科的基本知识和方法。例如，在解决环境问题时，学习者不仅需要具备环境科学的知识，还需要了解经济学、政治学、社会学等多个学科的相关内容。只有这样，他们才能够从多个角度全面地分析问题，并提出切实可行的解决方案。综合学习还要求学习者具备批判性思维和创新能力。在面对复杂问题时，学习者需要保持开放的心态，对问题进行深入的思考和分析。他们不仅要接受现有的知识和观点，还要对其进行批判和反思，以发现其中的不足和局限性。同时，他们也需要具备创新的能力，勇于尝试新的方法和思路，以寻找更加有效的解决方案。此外，综合学习还强调学习者的主体性和主动性。学习者需要积极参与学习过程，主动探索、发现和解决问题。他们不再是被动的知识接受者，而是成为学习的主导者和创造者。

二、学习者中心

综合学习注重学习者的主体地位,鼓励他们主动探索、发现和解决问题,这一理念在现代教育体系中显得尤为重要。它要求学习者不仅作为知识的接收者,更要成为知识的探索者和创造者。在这个过程中,学习者需要积极参与学习过程,发挥自己的主观能动性,以实现真正意义上的深度学习。在传统的教育模式中,学习者往往处于被动接受的状态,他们按照教师或教材的安排,按部就班地学习知识。然而,这种方式忽视了学习者的主体地位和主观能动性,导致学习者在学习过程中缺乏主动性和创造性,难以形成深入的理解和掌握。与此不同,综合学习强调学习者的主体地位,鼓励他们主动探索、发现和解决问题。这意味着学习者需要在学习过程中扮演更加积极的角色,不再是被动地接受知识,而是要主动地寻找问题、分析问题并解决问题。通过这种方式,学习者可以更加深入地理解知识,形成自己的认知体系,并培养自己的独立思考和解决问题的能力。要实现综合学习的目标,学习者需要积极参与学习过程。他们应该主动提出问题、寻找答案,并与他人进行交流和讨论。在这个过程中,学习者可以借鉴他人的观点和经验,不断丰富自己的知识和见识。发挥主观能动性是综合学习的核心要求之一。学习者需要在学习过程中保持积极的心态和态度,勇于面对挑战和困难。他们应该相信自己的能力和潜力,不断挑战自己的极限,以实现自我超越和成长。同时,学习者也需要具备自我监控和反思的能力,及时发现自己的不足和错误,并进行调整和改进。综合学习注重学习者的主体地位和主观能动性,还意味着教育者需要转变角色和观念。他们不再仅仅是知识的传授者,更要成为学习者的引导者和支持者。教育者应该为学习者提供充分的学习资源和机会,激发他们的学习兴趣和动力,引导他们主动探索、发现和解决问题。同时,教育者也需要关注学习者的个体差异和需求,为他们提供个性化的指导和帮助。综合学习注重学习者的主体地位和主观能动性,对于培养创新型人才具有重要意义。在当今社会,创新是推动社会进步和发展的重要动力。而创新型人才需要具备独立思考、勇于探索、善于创新的能力和素质。通过综合学习,学习者可以培养自己的创新意识和创新能力,为未来的发展奠定坚实的基础。

三、真实性

综合学习强调学习与现实生活的联系,要求学习者在真实或模拟真实的情境中进行学习。这种学习方式不仅有助于学习者更好地理解和应用知识,更能够提高其解决实际问题的能力,为未来的生活和职业发展奠定坚实的基础。在传统的教育模式下,学习与现实生活往往是脱节的。学习者在课堂上学习的知识,很难直接应用到实际生活中去。这种学习方式不仅让学习者感到枯燥乏味,也难以培养他们的实践能力和解决问题的能力。然而,综合学习却能够打破这种局限,将学习与现实生活紧密地联系在一起。综合学习要求学习者在真实或模拟真实的情境中进行学习。这意味着学习者需要面对的是实际生活中的问题,而不是脱离实际的抽象问题。在这样的学习环境中,学习者可以更加直观地感受到知识的实际应用价值,从而更加深入地理解和掌握知识。同时,他们也可以借鉴实际生活中的经验和案例,来辅助自己解决问题,提高自己的实践能力和解决问题的能力。学习与现实生活的联系,不仅有助于学习者更好地理解和应用知识,更能够培养他们的创新意识和批判性思维。在实际生活中,问题往往是复杂多变的,需要学习者具备灵活的思维和创新的意识来应对。通过综合学习,学习者可以不断地接触到新的问题和挑战,从而激发他们的创新意识和探索精神。同时,他们也可以对实际生活中的问题进行深入的思考和分析,形成自己的见解和判断,培养自己的批判性思维。在综合学习中,教育者需要为学习者提供真实或模拟真实的学习情境。这可以通过实验、社会实践、项目式学习等方式来实现。例如,教育者可以组织学习者参与社会实践活动,让他们亲身体验到知识在实际生活中的应用;或者设计具有实际应用价值的项目式学习任务,让学习者在解决问题的过程中掌握知识和技能。此外,综合学习还要求教育者关注学习者的个体差异和需求。每个学习者都有自己的兴趣、特长和发展方向,教育者需要根据学习者的实际情况来设计具有针对性的学习任务和项目。这样可以让学习者更加主动地参与学习过程,发挥自己的优势和特长,实现个性化的发展。同时,教育者也需要为学习者提供必要的支持和帮助,引导他们在学习过程中克服困难、解决问题,实现自我超越和成长。

四、协作性

综合学习鼓励学习者之间的合作与交流,这一理念在现代教育体系中占据着举足轻重的地位。通过小组讨论、项目合作等方式,学习者得以共享资源、互相学习、共同解决问题,进而在团队协作中锻炼并提升自己的能力。这种学习方式不仅能够增进学习者之间的友谊和信任,还能够培养他们的团队协作精神和沟通能力,为未来的生活和职业发展奠定坚实的基础。在传统的教育模式下,学习者往往被要求独立完成学习任务,彼此之间的竞争关系远胜于合作关系。然而,现实生活中的问题往往需要多人协作才能有效解决,单打独斗的方式往往难以应对复杂多变的挑战。因此,综合学习强调学习者之间的合作与交流,旨在培养他们的团队协作能力和解决问题的能力。通过小组讨论的方式,学习者可以围绕某个主题或问题展开深入的探讨和交流。在这个过程中,每个人都可以发表自己的观点和见解,倾听他人的意见和想法,从而拓宽自己的视野和思维方式。通过相互讨论和辩论,学习者可以更加全面地理解问题,发现问题的本质和关键所在,进而提出更加有效的解决方案。同时,小组讨论还能够培养学习者的沟通能力和表达能力,让他们更加自信地与他人交流和合作。项目合作是综合学习中另一种重要的合作方式。在学习者共同参与的项目中,每个人都可以发挥自己的特长和优势,为项目的完成贡献自己的力量。通过项目合作,学习者可以更加深入地了解某个领域或主题的知识和技能,掌握实际操作和应用的技巧。同时,他们也可以学习到如何与他人协作、分工合作、解决问题等方面的知识和技能,从而提高自己的团队协作能力和解决问题的能力。在综合学习中,教育者需要为学习者提供合作与交流的机会和平台。他们可以通过设计具有挑战性的任务和项目,让学习者在合作中共同解决问题,也可以组织各种形式的讨论和交流活动,让学习者有机会与他人分享自己的经验和见解。同时,教育者还需要关注学习者在合作与交流中的表现和进步,及时给予指导和帮助,引导他们更加有效地进行团队协作和解决问题。综合学习鼓励学习者之间的合作与交流还具有深远的意义。在当今社会,团队协作和沟通能力已经成为人才必备的核心素养之一。通过综合学习中的合作与交流,学习者可以培养自己的团队协作精神和沟通能力,为未来的生活和职业发展做好充分的准备。同时,这种学习方式也能够增进学习者之间的友谊和信任,让他们更加珍惜彼此之间的合作与共赢关系。

五、反思性

综合学习要求学习者对自己的学习过程进行反思和总结,这一环节对于提升学习效果、优化学习方法具有至关重要的作用。在学习的过程中,我们往往会遇到各种挑战和困难,而反思和总结正是帮助我们识别问题、寻找解决方案的有效途径。通过回顾自己的学习经历,分析成功与失败的原因,学习者可以更加清晰地了解自己的学习状况,从而有针对性地改进学习方法,提高学习效果。反思是一个深入剖析自己的学习过程的行为,它要求学习者以批判性的眼光审视自己的学习经历。在这个过程中,学习者需要思考自己在学习过程中遇到了哪些问题,这些问题的根源是什么,以及如何解决这些问题。通过反思,学习者可以更加深入地了解自己的学习方式、学习习惯以及学习态度等方面的问题,从而为改进学习方法提供有力的依据。总结则是在反思的基础上,对学习过程进行归纳和提炼。它要求学习者将自己在学习过程中的收获、体会以及经验教训进行整理,形成系统化的认识。通过总结,学习者可以更加清晰地掌握自己的学习成果,了解自己的优点和不足,从而为制订下一步的学习计划提供有力的支持。在综合学习中,反思和总结是相互关联、相互促进的。反思为总结提供了丰富的素材和深入的思考,而总结则为反思提供了系统化的框架和明确的方向。通过不断地反思和总结,学习者可以不断优化自己的学习方法,提高学习效果。在实际操作中,学习者可以通过多种方式进行反思和总结。例如,可以写学习日志或学习周报,记录自己的学习过程和心得体会,可以与同学或老师进行交流讨论,分享彼此的学习经验和教训,还可以参加学习小组或研讨会等活动,借鉴他人的学习方法和思路。这些方式都可以帮助学习者更加全面、深入地了解自己的学习过程,从而为改进学习方法提供有力的支持。值得注意的是,反思和总结并不是一次性的行为,而是一个持续不断的过程。学习者需要在学习过程中时刻保持敏锐的洞察力和批判性思维,及时发现问题并进行反思和总结。同时,他们也需要根据反思和总结的结果不断调整自己的学习方法,以适应不同的学习环境和任务需求。综合学习要求学习者对自己的学习过程进行反思和总结的意义不仅在于提升学习效果,更在于培养学习者的自主学习能力和终身学习的意识。一个优秀的学习者应该具备自我监控、自我反思和自我调整的能力,能够在不断变化的学习环境中保持灵活性和适应性。而反思和总结正是培养这些能力的重要途径之一。

六、创新性

综合学习鼓励学习者勇于尝试新事物,这一理念对于培养创新精神和实践能力至关重要。在日新月异的时代背景下,社会环境不断变化,新问题、新挑战层出不穷。学习者若想适应这样的环境,就必须具备勇于探索、敢于创新的精神,以及将理论知识应用于实践的能力。综合学习正是通过鼓励学习者尝试新事物,让他们在探索中发现问题、解决问题,从而培养这些宝贵的品质和能力。勇于尝试新事物,意味着学习者要摆脱传统学习模式的束缚,敢于走出舒适区,去接触未知领域。在这个过程中,学习者可能会遇到困难和挫折,但正是这些挑战,激发了他们的求知欲和探索欲。通过不断尝试,学习者可以发现自己的潜能和兴趣所在,进而找到适合自己的学习方法和解决问题的方式。这种个性化的学习过程,不仅让学习者更加自信和自主,也让他们在未来的生活和职业发展中更具竞争力。培养创新精神和实践能力,是综合学习的核心目标之一。创新精神是指学习者具备敏锐的洞察力、丰富的想象力和敢于挑战权威的勇气。在综合学习中,教育者通过设计开放性问题、提供多元化学习资源等方式,激发学习者的创新思维。学习者则需要在不断探索和尝试中,锻炼自己的洞察力、想象力和批判性思维,从而形成独特的创新观念。

第三节　综合学习的实施方式

一、项目式学习

项目式学习的实施方法如图 2-1 所示。

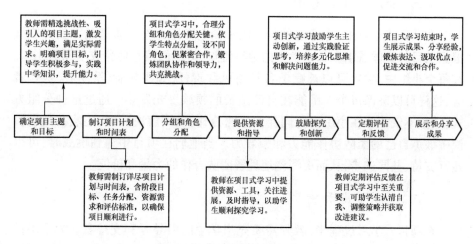

图 2-1　项目式学习的实施方法

(一)确定项目主题和目标

教师需要精心挑选一个既具挑战性又吸引人的主题,来确保项目式学习的效果。这个主题不仅要能激发学生的兴趣,还要与他们的实际需求紧密相连,这样才能真正激发他们的学习热情。同时,明确项目的目标和期望成果也至关重要,这有助于学生清晰地了解学习的方向和意义,从而更有动力去探索和学习。通过选择与学生兴趣、需求相契合的主题,并设定明确的目标,教师能够引导学生更加投入地参与项目式学习,让他们在实践中收获知识,提升能力,享受学习的乐趣。

(二)制订项目计划和时间表

在项目启动前,教师的首要任务是制订一个详尽的项目计划与时间表。

这份计划必须细致入微,涵盖项目的各个阶段目标、具体任务的分配、所需资源的清单以及明确的评估标准。通过设立阶段性目标,教师能够帮助学生逐步构建知识体系,实现学习目标的层层递进。任务分配的合理性则能确保每个学生都能在项目中找到自己的定位,发挥个人特长,实现团队协作的最大化。资源需求的明确,能保障项目在执行过程中不会因资源不足而受阻。最后,设立清晰的评估标准,既能为学生的学习提供方向,也能让教师对项目的进度和学生的表现有准确的把握。这一系列的筹备工作,是确保项目顺利进行和按时完成的基石。

(三)分组和角色分配

在项目式学习中,合理地进行分组和角色分配是至关重要的。教师应该根据项目的具体需求和每个学生的独特特点,将他们精心地分成不同的小组。在每个小组中,学生可以被赋予各种角色和责任,如领导者、策划者、执行者等,这样可以确保每个人都能在自己擅长的领域发光发热。通过这种分组方式,学生不仅能够在小组内与同伴们紧密合作,共同解决问题,还能在角色扮演中锻炼自己的团队协作能力和领导力。当他们在项目中遇到挑战时,可以相互支持、共同进步,从而更深刻地理解团队合作的力量和价值。

(四)提供资源和指导

在项目式学习过程中,教师需要充当学生的引导者和支持者。为了确保学生能够顺利地进行探究和学习,教师必须提供丰富多样的学习资源和工具,这些可以包括图书资料、网络资源以及实验所需的器材等。这些资源和工具是学生进行项目研究和实践的基础,能够帮助他们获取必要的知识和信息,促进他们的实践操作和问题解决能力。同时,教师在项目过程中要时刻关注学生的学习进展,及时给予指导和帮助。当学生在项目中遇到难题或困惑时,教师应该通过引导、讨论或提供额外资料等方式,帮助学生找到解决问题的思路和方法。教师的这种适时的指导和支持,不仅能够帮助学生克服学习中的困难,更能增强他们的学习信心和动力,推动项目式学习的深入开展。

(五)鼓励探究和创新

项目式学习的核心理念在于激发学生的主动性和创新性。为了实现这一目标,教师必须鼓励学生勇敢地提出自己的问题和假设,不受传统观念的束缚。学生应该被赋予机会通过实验、细致的观察和深入的数据分析来验证自己的思考。在这一过程中,教师不仅要充当知识的传递者,更要成为学生的引导者和合作伙伴。同时,教师还需要鼓励学生探索多种可能的方法和策略,培养他们的多元化思维和解决问题的能力。通过不断尝试、反思和调整,学生可以找到最适合自己的解决方案,从而深化对知识的理解并提升实际应用能力。这样的学习方式将使学生更加自信、自主和富有创造力,为未来的学习和生活奠定坚实的基础。

(六)定期评估和反馈

在项目式学习的过程中,教师定期的评估与反馈是确保学习质量和推动学生进步的关键环节。通过对学生学习进度和成果的细致观察与评估,教师能够及时了解学生的学习状况,发现他们的优点和不足。这种定期的检查不仅让学生对自己的学习有更清晰的认知,还能促使他们根据反馈调整学习策略,优化学习方法。而教师的反馈更是宝贵的学习资源,它可以为学生提供具体的改进建议,指导他们在后续的学习中如何更好地发挥优势、弥补不足。

(七)展示和分享成果

项目式学习结束时,为学生提供了一个宝贵的展示平台。在这个平台上,每个学生都可以自信地展示自己的成果,无论是研究报告、实物模型还是多媒体演示,都凝聚了他们的智慧和努力。展示不仅是对自己学习成果的一次总结,更是与他人分享学习喜悦和收获的机会。通过分享学习经验和心得,学生不仅能够锻炼自己的表达能力,还能在交流中汲取他人的优点,拓宽自己的视野。同时,这种展示和分享的氛围也极大地促进了同学之间的交流和合作,增进了彼此的了解和友谊。

二、跨学科学习

(一)整合课程内容

将不同学科的知识和技能进行整合,设计跨学科的主题或项目,是现代教育的创新实践。这种学习方式鼓励学生跨越学科界限,运用物理、化学、生物等多学科的知识和方法,共同探究环境保护、能源利用等具有现实意义的跨学科主题。在这样的学习过程中,学生不仅能够深入理解各科知识之间的内在联系,还能培养解决复杂问题的综合能力。例如,在探究环境保护的主题时,学生可以结合物理学中的能量转换原理,化学中的污染物分析方法,以及生物学中的生态系统理论,共同研究如何减少污染、保护自然资源。这样的学习方式不仅能够激发学生对科学的兴趣,还能够培养他们的创新精神和批判性思维。

(二)协作学习

学生分组合作是跨学科学习中极具效益的一种方式。在这种模式下,拥有不同学科背景的学生聚集在一起,共同面对并解决问题。他们各自带着独特的学科知识和方法,通过交流分享,不仅拓宽了彼此的视野,更在碰撞中激发出新的思考火花。例如,在面对一个涉及历史、文学和艺术的综合项目时,历史背景的学生可以提供时代背景和分析,文学专业的学生则能深入挖掘文本内涵,艺术领域的学生则负责从视觉和创意角度进行呈现。

(三)问题导向学习

以真实世界中的问题为引导,跨学科学习展现出了其深远的意义。社会热点、环境挑战、科技前沿等问题,不仅关乎我们的生活,更需要多学科的协同合作来解决。在这样的学习方式中,学生被鼓励运用历史、科学、艺术等多个学科的知识和方法,去深入剖析这些问题。例如,面对全球变暖这一环境问题,学生可能需要结合地理学的气候模型、化学的大气成分分析,以及经济学的可持续发展理论,共同探究可行的解决方案。通过这样的探究过程,学生不仅能够理解单一学科知识的局限性,更能体会到跨学科整合的必要性。

(四)跨学科课程设计

学校或教师设计的专门跨学科课程,是教育创新的一大亮点。这类课程将历史、文学、艺术等多个学科的知识和技能巧妙地融合在一起,形成一门独特而富有深度的新课程。例如,通过融合历史、文学和艺术,学生可以全方位地探究一个历史时期或文化现象。在历史的长河中,文学作品是时代的见证,艺术作品则反映了当时的社会风貌和审美观念。通过深入学习,学生不仅能够理解历史事件的前因后果,还能欣赏到文学作品的魅力和艺术作品的韵味。这样的跨学科课程不仅拓宽了学生的知识视野,更培养了他们的综合思维能力和审美素养。

三、合作学习

(一)明确学习目标

在开始合作学习之前,教师的首要任务是明确学习目标。这意味着教师需要清晰地梳理出学生应当通过合作学习掌握的核心知识和技能,同时指出学习的重点和难点所在。这样的做法有助于为学生提供一个明确的方向,让他们在学习过程中能够有的放矢,更加高效地利用时间和资源。通过明确学习目标,教师不仅能够确保合作学习的内容紧扣教学大纲和课程要求,还能够根据学生的实际情况和学习需求,有针对性地设计合作学习活动,从而提升学生的学习效果。

(二)分组合作

在合作学习中,分组是关键环节。教师需要综合考虑学生的学习能力、兴趣爱好和性别等因素,将学生精心分成若干小组,每组人数控制在 4~6 人,以保持小组的高效运作。这样的分组不仅有助于平衡各组实力,更能确保每个小组内都有不同背景和能力的学生,形成一个多元化的学习团队。这种多样性有助于激发学生的创新思维,促进他们之间的互相学习和帮助。同时,小组内的成员可以在合作中相互补充,共同攻克学习难题,提升整体学习效果。因此,在合作学习中,合理分组是确保学习效果最大化的重要前提。

(三)分配角色和责任

在合作学习中,为了确保每位学生都能积极参与并充分发挥自己的特长,教师需要为每个小组成员分配不同的角色和责任。这些角色可以包括组长、记录员、发言人等,每个角色都有其独特的职责和任务。通过担任这些角色,学生不仅能够锻炼自己的组织协调、沟通表达等能力,还能在实践中深化对知识的理解和应用。同时,明确的角色分工和责任划分也有助于增强小组成员之间的责任感和凝聚力,促进他们更加高效地完成学习任务。因此,在合作学习中,为每个小组成员分配角色和责任是至关重要的,它能够为学生的全面发展和学习成果的提升奠定坚实基础。

(四)开展合作学习活动

合作学习活动的设计至关重要,它应紧扣学习目标和任务,确保活动形式和内容与学习目标高度契合。教师可以设计多样化的活动,如小组讨论、角色扮演、案例分析等,以激发学生的学习兴趣和参与度。在活动中,教师应鼓励学生大胆发表自己的观点和看法,同时倾听他人的意见,培养他们的批判性思维和沟通能力。通过共同完成任务,学生能够体验到合作的乐趣和成果,进一步增强他们的团队协作意识和能力。因此,在合作学习中,设计合适的活动并鼓励学生积极参与是确保学习效果和提升学生综合素养的关键。

（五）监控与指导

在合作学习过程中，教师的角色至关重要。他们不仅需要密切关注学生的学习情况，更要及时给予指导和帮助。当教师发现学生在合作学习中遇到困难或问题时，应当迅速而准确地给予适当的提示和引导，帮助学生迅速找到解决问题的方法，确保学习进程的顺利进行。这样的教学方式不仅能够帮助学生及时解决问题，更能培养他们的自主学习能力和问题解决能力，为他们的全面发展打下坚实的基础。因此，在合作学习中，教师的引导和帮助是不可或缺的，它们是确保学习效果和提升学生能力的重要保障。

（六）评估与反馈

合作学习结束后，教师的评估和反馈至关重要。通过小组展示、个人报告、互评等方式，教师能全面了解学生的学习成果，并为他们提供有针对性的改进建议和指导。评估不仅关注学生的学习成绩，还重视他们在合作学习中展现的团队协作、沟通能力等综合素质。反馈则让学生明确自己的优点和不足，为他们后续的学习指明方向。这种评估和反馈机制有助于激发学生的学习动力，提升他们的自主学习能力，培养他们的批判性思维，从而推动他们在知识、技能和态度上的全面发展。因此，教师在合作学习结束后的评估和反馈，是提升学生学习效果、促进学生成长的重要环节。

四、探究式学习

（一）提出问题

探究式学习的核心是问题，这些问题可以来源多样，无论是学生自发的好奇、教师的精心设计，还是教材的深入挖掘，都能成为探究式学习的起点。而教师在这一过程中扮演着至关重要的角色，他们需要凭借对教学目标的深刻理解和对学生实际情况的敏锐洞察，提炼出既具挑战性又富含探究价值的问题。这样的问题不仅能激发学生的求知欲和探索欲，让他们在寻找答案的过程中主动建构知识、提升能力，还能培养他们的批判性思维和创新精神。因此，在探究式学习中，教师提出的问题是引领整个探究活动的关键，它们的质量直接影响着学生的学习效果和探究的深度。这就要求教师在设计问题时既要考虑其针对性和引导性，又要注重其开放性和趣味性，以确保探究式学习能够真正发挥其应有的教育价值。

（二）收集证据

在探究式学习中，学生扮演着主动探索者的角色。为了对问题有深入且全面的理解，他们需要通过多种途径积极收集与问题相关的信息和数据。这些途径包括实验、观察、调查、阅读等多样化的方式，每种方式都能为学生提供独特的视角和见解。通过实验，学生可以亲身实践，验证理论；观察则让他们从实际现象中发现问题，提炼规律；调查能帮助学生了解社会现实，收集一手资料；而阅读则是获取间接知识和前人经验的重要途径。通过这些活动，学生不仅能够收集到丰富的信息和数据，还能在实践中提升探究能力、解决问题能力和创新思维。

（三）形成解释

探究式学习中，学生在收集到充足的信息和数据后，紧接着需要对其进行深入的分析、系统的归纳以及有条理的整理。这一过程是探究式学习的核心环节，旨在从繁杂的信息中提炼出对问题的本质解释或答案。学生必须充分调动和运用他们已有的知识和经验，通过逻辑推理和判断，对这些信息进行筛选、比较、联系和综合。在这样的思维运作下，学生不仅能够加深对问题的理解，还能锻炼自己的分析综合能力、批判性思维以及创新解决问题的能力。最终，经过这一系列的思维活动，学生会形成自己对问题的独特见解和答案，从而完成探究式学习的重要一步。

（四）评估解释

在探究式学习的过程中，学生对自己提出的解释或答案进行评估和反思是至关重要的一步。他们需要仔细审视自己的思考过程和结论，检查其是否建立在充分的事实和逻辑的基础之上，是否存在主观偏见或错误判断。这种自我评估有助于培养学生的批判性思维，让他们学会从不同角度审视问题，提高答案的准确性和全面性。同时，接受其他同学或教师的评估和反馈也是不可或缺的环节。通过听取他人的意见和建议，学生能够更加客观地看待自己的解释或答案，发现可能存在的盲点和不足。这种来自外部的评估和反馈有助于学生拓宽视野，激发新的思考，进而不断完善自己的解释或答案。因此，在探究式学习中，学生的自我评估和外部反馈相辅相成，共同推动着探究活动的深入进行和答案的不断完善。

（五）交流分享

在探究式学习中，交流和分享是不可或缺的重要环节。学生需要将自己的探究过程和结果与其他同学或教师进行充分的交流和分享,这样不仅可以获得更多的反馈和建议,以便进一步完善自己的解释或答案,还能够学习到其他人的观点和方法,从而拓宽自己的视野和思路。通过与他人交流,学生可以了解不同的思考方式和解决问题的策略,发现自己的不足和需要改进的地方。同时,分享自己的探究成果也能增强学生的自信心和表达能力,培养他们的团队合作精神和沟通能力。因此,在探究式学习中,教师应该鼓励学生积极参与交流和分享活动,为他们提供一个开放、互动的学习环境,让学生在相互学习、相互启发中不断成长和进步。

第三章　学生核心素养的内涵与构成

第一节　认 知 素 养

一、认知素养的概念界定

认知素养是指个体的知识、技能、思维能力和学习能力。这一概念涵盖了多个方面,包括科学素养、信息素养、数学素养、文化素养等。认知素养的内涵指向个体应具备的批判性思维、问题解决能力、创新思维和学习动力,这些能力使得个体能够适应不断变化的社会和工作环境。具体来说,认知素养要求个体具备扎实的知识基础和广泛的知识面,能够运用所学知识解决实际问题。同时,个体还需要具备良好的思维能力和学习能力,能够独立思考、创新思维,并持续不断地学习新知识和技能,以适应社会的发展和变化。在教育领域,认知素养是学生学习和发展的重要基础,也是教育目标的重要组成部分。培养学生的认知素养,有助于他们更好地适应未来的社会和工作环境,实现个人价值和社会价值的统一。因此,认知素养是个体在认知方面所具备的综合素质,是个体适应社会、实现自我发展的重要保障。如需更多信息,建议查阅相关文献或咨询相关研究学者。

二、认知素养的内涵

(一)基础知识的掌握

认知素养的基础在于对基本知识的掌握,这涉及数学、科学、文学和历史等多个学科领域。数学培养逻辑思维和问题解决能力,是认知素养的重要支柱;科学知识揭示自然规律,帮助我们形成科学的世界观;文学则滋养心灵,提升审美情趣和批判性思维;历史则让我们洞悉社会变迁,肩负历史责任。这些知识的掌握不仅关乎记忆和复述,更在于理解和应用,它们共同构筑了个体全面而扎实的认知体系,为我们在复杂世界中导航提供指引。因此,深化对各学科领域的学习和理解,是提升认知素养的必由之路。

(二)批判性思维的培养

批判性思维堪称认知素养的核心,它犹如一盏明灯,在信息的海洋中指引我们保持清醒的判断力。面对铺天盖地的信息,这种思维方式使我们不满足于被动地全盘接受,而是像敏锐的侦探一样,对每一条信息都进行深入的质疑、细致的分析和全面的评价,以探寻背后的真相。它不仅仅是一种理性的思维方式,更是一种积极应对复杂问题的生活态度,让我们能够冷静地剖析问题本质,准确预测未来趋势,从而制定出合理有效的应对策略。然而,批判性思维的培养并非一蹴而就,它需要长期的训练和实践,通过阅读经典文献、参与深入讨论和系统思考等方式不断提升。在此过程中,我们还应保持开放和包容的心态,欣然接纳不同的声音和观点,唯有如此,我们的思维才能在碰撞中擦出火花,收获新的启示和智慧。

(三)创新思维的激发

创新思维,作为认知素养的精髓之一,赋予我们挑战现状、突破常规的勇气。在思想的海洋中,它激励我们探索未知领域,提出前所未有的见解和解决方案。面对当今复杂多变的问题,创新思维显得尤为关键。它为我们提供全新的视角和思路,揭示问题的本质,并催生富有创意的解决之道。这种思维方式要求我们在实践中敢于尝试、勇于反思、不断学习,同时保持开放和包容的心态,拥抱多元观点,以激发新的灵感和创意。培养创新思维是一项长期而艰巨的任务,需要我们通过阅读创新文献、参与创新项目、与创新者深入交流等方式不断提升。在此过程中,我们还应学会勇敢面对失败,将其视为通往成功的必经之路。创新思维是个人成长和社会进步的重要驱动力,我们应珍视这一宝贵的思维品质,并通过不懈努力将其培养至更高境界。

(四)学习能力的提升

学习能力是认知素养的基石,其决定个体在新知面前的吸收与运用效率。在快速变化的时代,它已成为核心竞争力,关乎我们能否跟上时代、应对挑战、实现成长。学习强者能快速适应新环境,以开放心态接纳新知,通过实践将其内化为能力。他们勇于探索,对学习充满热情。这种毅力和意愿让他们在困境中坚持不懈,直至成功。提升学习能力需要持续努力,通过阅读、培训、交流等方式拓宽视野,同时培养学习兴趣和习惯,享受学习乐趣。此外,整合与创新知识同样重要,形成个人知识体系和思维模式,以更好应对复杂社会,提出创新方案,为社会进步贡献力量。

（五）信息素养的强化

在信息时代,信息素养已成为认知素养的关键支柱,它要求我们不仅简单获取信息,更要具备深度评估、精准利用和有效交流信息的能力。面对爆炸式增长的信息量,信息素养决定了我们能否高效筛选有价值内容,为学习、工作和生活提供坚实支撑。其核心在于敏锐洞察和批判性思维,使我们能迅速判断信息真实性、可靠性及价值,避免被误导。通过将信息与个人知识体系结合,我们可创造新知识和见解,推动个人和社会进步。信息素养需长期积累和实践,通过阅读优质书籍、参加培训课程和与具备信息素养的人交流等方式可不断提升。保持开放和包容心态,接纳多元信息和观点,有助于拓宽视野和思维。信息素养对个体决策和行动至关重要,它使我们能迅速找到并分析相关信息和资源,做出明智决策,同时有效利用信息技术提高学习和工作效率,为个人发展和社会进步贡献力量。

三、认知素养的构成

（一）认知素质

认知素质是认知素养的核心所在,它深植于个体对事实关系的主观反映与实际情况的契合度。这种反映涵盖了从基础的感觉、知觉到更为复杂的表象、概念的构建,再到高阶的判断和推理过程。认知素质不仅仅关乎我们对外部世界的直接感知,如通过感官捕捉到的色彩、声音、触感等,还涉及对这些感知信息的内在加工和组织,形成有意义的表象和概念。更为重要的是,认知素质体现在我们如何运用这些概念进行逻辑推理、判断事物真伪、分析问题本质以及归纳总结规律。一个具备高度认知素质的个体,能够准确地把握事物的本质特征,透过表面现象深入剖析内在逻辑,形成全面而深刻的认识。这样的认知能力使得我们在面对复杂多变的世界时,能够迅速适应并做出明智的决策。因此,提升认知素质意味着不断优化我们的信息处理方式,加强思维的逻辑性、批判性和创造性,从而更好地理解世界、解决问题。

（二）信仰和价值观

个体对道德、伦理和人生意义的看法,是构成其内心世界和价值取向的基石,而对重要事物的优先级和评价,则直接反映了其认知素养的高低。这些要素共同构成了认知素养的重要组成部分,塑造着个体的思维方式和行为模式。在道德和伦理层面,一个人的看法往往决定了其如何与他人和社会互动。具备高尚道德和伦理观念的个体,会倾向于做出积极、正直的选择,促进社会和谐与进步。相反,道德和伦理观念淡薄的个体,则可能做出有损他人和社会利益的行为。对人生意义的探索和理解,则是个体认知素养在精神层面的体现。一个拥有深刻人生洞见的人,通常能够更好地应对生活中的挑战和困境,保持内心的平和与坚定。此外,对重要事物的优先级和评价,反映了个体的价值判断和决策能力。在面对复杂多变的生活场景时,能够迅速准确地识别出重要事物,并对其进行合理排序和评价,是个体认知素养高低的重要体现。这种能力不仅有助于个体做出明智的决策,还能够提高其生活质量和幸福感。因此,重视并培养个体的道德、伦理观念,引导其探索和理解人生意义,以及提高其对重要事物的优先级和评价能力,是提升认知素养的重要途径。

(三)世界观

对现实世界的认知和解释,以及针对社会、政治、文化等各个层面所形成的观点,共同构成了个体的世界观,这也是认知素养中不可或缺的一部分。世界观不仅反映了个体如何理解和把握自己所处的时代和环境,更体现了其深层次的思维方式和价值观念。一个成熟的世界观能够帮助个体在纷繁复杂的社会现象中保持清晰的头脑,做出明智的判断和选择。它不仅仅是对现实世界的简单映射,更是个体通过不断学习、思考和实践所形成的独特认知体系。在这个过程中,个体需要不断地吸收新知识、新观念,同时对自己的既有认知进行反思和修正,以期达到更高层次的认知境界。因此,世界观的培养和提升是一个持续不断的过程,需要个体始终保持开放的心态和求知的精神。只有这样,我们才能在不断变化的世界中保持敏锐的洞察力,形成全面、客观、深入的认知,从而更好地应对生活中的各种挑战和机遇。这也正是认知素养中世界观的重要作用所在。

(四)自我概念

对自己的认知、评价以及自我价值的看法,共同构筑了个体的自我概念,这一概念深深植根于个体的内心深处,是其认知素养的关键组成部分。自尊和自信,作为自我概念的两大支柱,不仅影响着个体如何看待自己,更在很大程度上决定了其如何与世界互动。自尊是个体对自己整体价值和能力的评价,它反映了一种自我尊重和自我接纳的态度。一个拥有健康自尊的人,能够正视自己的优点和不足,以平和的心态面对生活中的挑战和困难。而自信则是个体对自己能够成功完成任务、实现目标的信念和预期。自信的人往往更敢于尝试新事物,更能够在挫折面前保持坚韧不拔的精神。自我概念的形成和发展是一个动态的过程,它受到个体的生活经历、社会环境以及教育背景等多种因素的影响。一个健康、积极的自我概念,有助于个体形成乐观向上的生活态度,提高其应对压力和挑战的能力。

(五)认知偏好

认知偏好是个体在信息处理过程中展现出来的倾向性,它涉及对信息的选择、解读、组织和应用等方面,是构成认知素养的重要一环。不同的个体在面对相同的信息时,可能会因其独特的认知偏好而采取不同的处理方式,进而得出不同的结论和决策。例如,有的人可能更倾向于关注细节,而有的人则更注重整体框架;有的人善于逻辑分析,而有的人则更擅长直觉判断。这些差异不仅影响着个体的学习风格和工作效率,更在深层次上塑造了其世界观和价值观。因此,了解和识别自己的认知偏好,对于提升个人的认知素养至关重要。通过自我反思和他人反馈,我们可以逐步明确自己在信息处理过程中的优势和不足,进而有针对性地进行调整和优化。比如,对于过于关注细节而忽略整体的个体,可以尝试拓宽视野,从宏观角度把握问题;对于直觉判断过强而逻辑分析不足的个体,则可以加强逻辑思维的训练,增强决策的科学性和准确性。

第二节 情感态度与价值观

一、情感态度的内涵与构成

情感态度是指个体对客观事物的主观体验和感受,包括积极情感和消极情感,如喜欢、厌恶、愤怒、悲伤等。它是个体对事物的一种内在反映和评价,反映了个体对事物的态度和价值观。情感态度的构成包括认知成分、情感成分和行为倾向成分。其中,认知成分是指个体对事物的看法和评价,它是情感态度的基础;情感成分是指个体对事物的情感体验和感受,它是情感态度的核心;行为倾向成分是指个体对事物的行为反应和倾向,它是情感态度的外在表现。具体来说,情感态度的内涵包括以下几个方面:

(一)情感体验

情感体验是个体内在世界与外在现实交汇时产生的深刻印记,它涵盖了快乐、悲伤、愤怒等诸多复杂感受。这些情感体验不仅是对外界刺激的直观反映,更是心灵深处的共鸣与回应。它们以独特的方式塑造着我们对世界的认知,影响着我们的思维方式和决策过程。当我们经历快乐时,世界显得明亮而

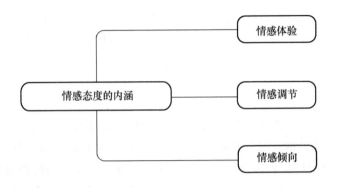

充满希望;而悲伤和愤怒则可能让我们感到压抑和困惑,甚至改变我们的行为模式。因此,情感体验不仅是个体内在感受的真实写照,更是连接个体与外界的桥梁,它在无形中引导着我们的认知方向,塑造着我们的行为模式,让我们的生活充满色彩与变化。

(二)情感表达

情感表达是个体借助言语、表情、行为等多元方式,将内心的情感世界外化展现的过程。它不仅是情感态度的一种直观体现,更像一面镜子,映射出个体当前的情感状态和情感倾向。在日常生活中,无论是微笑传递的喜悦,还是泪水表达的悲伤,抑或语气和动作透露的愤怒,都是情感表达的具体展现。这些表达方式在无形中构建了人与人之间情感沟通的桥梁,使得我们能够更加准确地感知和理解彼此的情感状态。因此,情感表达在人际交往中扮演着举足轻重的角色,它既是情感沟通的媒介,也是增进彼此理解与共鸣的关键所在。

(三)情感调节

情感调节是个体为应对外在环境变化和内在情感波动,通过自我调节和控制,实现心理平衡的过程。它是情感态度中至关重要的功能,帮助我们在面对生活中的各种情感挑战和压力时,能够保持冷静和理智。通过情感调节,我们可以更好地管理自己的情绪,避免过度沉溺于消极情绪中无法自拔,也能在积极情绪中保持谦逊和清醒。这种能力不仅有助于我们适应复杂多变的社会环境,更能提升我们的心理健康水平,使我们在面对困难时更加坚韧和有韧性。因此,情感调节是个体情感态度中不可或缺的一部分,它赋予我们力量去驾驭自己的情绪,让我们在生活的舞台上更加从容和自信。

(四)情感倾向

情感倾向是个体在长期的生活实践中,对客观事物形成的稳定而持久的情感偏好或态度。它不仅是个体内心世界的真实写照,更是其价值观和生活态度的深刻反映。每个人的情感倾向都独一无二,它像一面旗帜,鲜明地标示出我们对世界的看法和感受。在面对相同的事物时,不同的情感倾向会引导我们产生截然不同的反应和选择。因此,了解并尊重他人的情感倾向,是我们建立和谐人际关系、实现有效沟通的基础。同时,培养和塑造积极健康的情感倾向,也是我们追求幸福生活、实现自我价值的重要途径。

二、价值观的内涵与构成

(一)价值观的内涵

价值观的内涵通常指的是人们对事物价值的根本看法和观点,它是基于人的思维感官之上而进行的认知、理解、判断或抉择,体现出事物的价值或作用。具体来说,价值观是人们对社会存在的反映,是人们在一定历史条件下通过实践形成的,它代表了人们对生活现实的看法和理解。其中,价值目标是人们追求的理想状态或期望达成的结果;价值取向是指人们对不同事物或行为的价值选择和倾向;价值追求是个体或群体所追求的价值理念或目标;价值评价是基于一定的标准对事物进行的价值判断;价值尺度是人们用来衡量和评价事物价值的标准;而价值准则则是人们行为的规范和指南。此外,价值观具有相对的稳定性和持久性。在特定的时间、地点、条件下,人们的价值观总是相对稳定和持久的。但随着人们的经济地位的改变,以及人生观和世界观的改变,这种价值观也会随之改变。这说明价值观也处于发展变化之中。

(二)价值观的构成

1. 价值目标

价值目标是个体或群体所追求的理想状态或期望达成的结果,它代表了存在的最基本原因。它是激发人们行动的内在动力,为人们提供了明确的方向和指引。每个人的价值目标都是独特的,它源于个人的需求、欲望和信仰,也受到社会、文化和历史背景的影响。价值目标可以是具体的,如实现个人职业成功、家庭幸福,也可以是抽象的,如追求自由、平等和正义。无论是具体还是抽象,价值目标都是人们生活的核心,它激励着人们不断奋斗、超越自我,以实现内心的渴望和追求。在追求价值目标的过程中,人们会面临各种挑战和困难,但正是这些挑战和困难,塑造了人们的意志品质和价值观念,使人们更加坚定地走向自己的理想彼岸。

2. 价值取向

价值取向是人们内心深处的指南针,它决定了人们在不同事物或行为面前的选择和倾向。这种取向无声无息地渗透在人们的日常生活中,无论是衣着打扮的偏好,还是职业道路的抉择,抑或休闲娱乐的方式,甚至人际交往的模式,都无一不映射出个体独特的价值取向。它是人们内心世界的真实写照,透过它,我们可以窥见一个人的价值观、人生观乃至世界观。然而,价值取向并非孤立存在,它是社会文化的产物,深受历史、地域、民族、宗教等多重因素的影响。因此,在不同的文化背景下,人们的价值取向可能呈现出显著的差异。这种差异并非好坏之分,而是多元共存的表现。理解和尊重他人的价值取向,不仅是对他人个性和尊严的尊重,更是建立和谐人际关系、实现社会共融的基石。

3. 价值追求

价值追求是个体或群体内心深处的渴望,是他们所坚守并努力追寻的价值理念或目标。它不仅仅是对物质富足的追求,更是对精神充实、道德高尚、人际关系和谐等美好生活的向往。这种追求源于人们对自身存在意义的探索和对未来美好生活的期盼,它激励着人们不断超越自我、勇攀高峰。在价值追求的过程中,人们会面临各种挑战和困难,但正是这些经历,让人们更加坚定地认识到自己的价值所在,并不断调整自己的行为和态度,以更好地实现自己的追求。价值追求是人生的航标,它指引着人们前进的方向,让人们在迷茫中找到自我、在困境中看到希望。同时,它也是社会进步的动力源泉,推动着人们不断探索、创新,共同创造一个更加美好的未来。

4. 价值标准

价值标准是人们用来衡量和评价事物价值的尺度和准则,它是人们对客观事物进行价值判断和评价时所依据的标准和原则。这些标准可以是道德标准、审美标准、功利标准等,它们在不同的领域和情境中发挥着重要的作用。道德标准关注行为是否符合伦理道德,审美标准则关注事物是否具有美感,而功利标准则关注行为是否能够带来实际利益。这些不同的标准反映了人们不同的价值观念和价值取向,也导致了人们对同一事物可能产生不同的价值判断和评价。价值标准的选择和运用对于人们的行为和决策具有重要的影响,它指导着人们如何认识世界、如何对待他人、如何做出正确的选择。因此,明确和坚持正确的价值标准是人们实现自我价值、追求幸福生活的重要保障。

此外,从更广泛的角度来看,价值观的构成还包括要素结构、层次结构和载体结构等。要素结构包括价值主体和评价主体、价值取向、价值规范、价值追求和价值目标等;层次结构则可能包括根本价值观、具体价值观念等;载体结构则是指价值观所依托的个体或群体。同时,价值观还可以被看作一个由多种要素构成的系统,这些要素之间相互联系、相互作用,共同构成了个体或群体的价值观体系。

三、情感态度与价值观的关系

情感态度与价值观之间存在密切的关系,它们相互影响、相互渗透,共同构成个体的心理和行为的基础。情感态度是个体对客观事物的主观体验和感受,它基于个体的认知和经验,对事物的价值、意义等方面进行评价和判断。这种评价和判断会影响个体的行为选择和行为倾向。因此,情感态度反映了人们对事物的喜好、厌恶、喜爱等情感反应,是个体行为的内在驱动力之一。而价值观是个体对于什么是好的、有意义的、值得追求的基本信念和准则。它是个体在长期的生活实践中形成的,具有相对稳定性和持久性。价值观是个体行为的内在准则,指导着个体的行为和决策,使个体在面临选择时能够做出符合自己价值观的判断和决策。情感态度与价值观之间的关系在于,个体的情感态度往往受到其价值观的影响。符合个体价值观的事物会引起积极的情感态度,而不符合个体价值观的事物则会引起消极的情感态度。同时,个体的情感态度也可以反映其价值观。通过对事物的情感态度,我们可以了解个体对事物的价值判断和价值取向。在教育领域,情感态度与价值观更是密不可分。教育不仅仅是知识的传授,更重要的是培养学生的情感态度和价值观。一个优秀的学生或教育者应该具备积极的情感态度和正确的价值观,这将有助于他们更好地适应社会、实现自我价值并为社会做出贡献。因此,情感态度与价值观是相互交织、相互影响的。它们共同构成了个体的心理和行为的基础,对个体的成长和发展具有重要意义。

第三节 自主学习能力

一、自主学习能力的内涵

自主学习能力的内涵是一个深层次且多维度的概念,它不仅仅是一种简单的学习技能,更是一种全面、综合的学习素养。这种能力要求学生具备高度的自觉性和主动性,能够在学习过程中自我规划、自我管理、自我监控,以达到对知识的深入理解和技能的熟练运用。自主学习能力的核心在于学生的主体性和独立性。主体性体现在学生能够根据自己的兴趣、需求和学习目标,自主选择学习内容、安排学习计划、设定学习进度,并在学习过程中不断调整和优化。独立性则要求学生能够摆脱对教师和课堂的过度依赖,独立思考、独立解决问题,形成自己的知识体系和认知结构。自主学习能力的培养需要学生具备一系列的基础素养。首先,学生需要具备良好的学习习惯和学习态度,能够保持对学习的持续热情和动力。其次,学生需要掌握有效的学习方法和学习策略,能够根据不同的学习任务和情境,灵活选择并运用合适的学习方法。此外,学生还需要具备一定的自我监控和自我评估能力,能够对自己的学习过程进行实时跟踪和反馈,及时发现并解决问题。自主学习能力的发展是一个持续不断的过程。随着学生年龄的增长和认知水平的提升,自主学习能力也会不断得到发展和完善。在这个过程中,学生需要不断积累学科知识、提升学科能力,也需要不断拓宽自己的视野和思维方式,形成更加全面、深入的学习素养。自主学习能力的价值不仅仅体现在学术成绩上,更体现在学生的终身发展上。具备自主学习能力的学生能够在未来的工作和生活中更加自信、从容地面对各种挑战和变化,不断适应新的学习需求和发展环境。同时,自主学习能力也是创新精神和创造力的重要基础,它鼓励学生勇于探索未知领域、尝试新的方法和思路,为社会的进步和发展做出更大的贡献。

二、自主学习能力的构成

(一)学习目标设定能力

自主学习能力的首要构成部分是学习目标设定能力,它要求学生能够清晰地识别自己的学习需求,并根据个人的兴趣、背景及长期规划,为自己设定出明确、具体且可衡量的学习目标。这些目标如同航海者的指南针,为学习之旅提供明确的方向,也是学习者自我评估学习进度与效果的重要标准。在设定目标时,学生必须深思熟虑,既要确保目标具有足够的挑战性以激发持续的学习动力,又要考虑到目标的可行性,避免因为目标过高而导致挫败感。同时,时间性也是一个不可忽视的因素,合理的时间规划能确保学习者在既定的时间内有效达成目标,避免拖延和效率低下。因此,学习目标的设定是一项复杂而关键的任务,它要求学习者有清晰的自我认知、合理的规划能力和坚定的执行意志,这样才能确保自主学习之旅既充满挑战又富有成效。

(二)学习策略选择能力

学习策略选择能力是自主学习能力的另一大支柱。它要求学生不仅要熟悉多种学习策略,如认知策略、元认知策略以及资源管理策略,更要具备根据学习任务的特性和难易程度,灵活选择和应用适当策略的能力。认知策略涵盖了记忆技巧、理解方法以及应用手段,这些都是学习过程中的基础操作;而元认知策略则更高一层,它涉及学习计划的制订、学习过程的监控以及学习成果的调节,确保学习始终在正确的轨道上进行;资源管理策略则关乎时间分配、学习环境优化以及学习动力的维持,这些都是高效学习的关键要素。学生只有掌握了这些策略并能在实践中灵活运用,才能在学习过程中做到游刃有余,既提高学习效率又保证学习质量。因此,学习策略选择能力的培养在自主学习中占据着举足轻重的地位,它不仅是学生提升学习能力的关键,更是他们未来终身学习和持续发展的坚实基础。

(三)自我监控与调节能力

自我监控与调节能力无疑是自主学习能力的核心所在。在学习的每一个阶段,学生都需对自己的学习进度和效果保持敏锐的觉察,这就好比驾驶员在驾驶过程中需要时刻关注仪表盘上的各项数据,以确保行驶的安全与顺畅。同样地,学生也需要根据学习的实际情况,不断地对学习计划、方法、策略等进行调整和优化,这就像是在航行中根据风向和水流调整航向,以确保能够顺利到达目的地。具体来说,学生需要定期检查学习计划的执行情况,评估自己的学习效果,并在发现问题时及时对学习策略进行反思和调整。通过这样的自我监控与调节,学生不仅能够及时发现并解决学习中遇到的困难和问题,更能确保整个学习过程始终保持在最佳状态,从而顺利达成学习目标。因此,培养学生的自我监控与调节能力,对于提高他们的自主学习能力和学习效果具有至关重要的意义。

(四)学习资源获取能力

学习资源获取能力在自主学习能力中占有举足轻重的地位。在如今这个信息爆炸的时代,学习资源如同繁星般浩渺无垠,其形式和来源也日趋多样化。为了有效汲取知识,学生必须掌握从各种渠道寻觅和获取学习资源的能力,无论是深藏于图书馆角落的珍贵典籍,还是互联网上浩如烟海的信息资源,抑或社交媒体上灵光一闪的思维火花,都可能成为他们学习路上的宝贵财富。然而,资源的丰富性同时也带来了选择的复杂性,学生不仅要能"取",更要会"筛",能够从纷繁复杂的信息中筛选出真正有价值、有助于学习的内容,并进行有序的整理和利用。这样,学生才能在学习的海洋中畅游自如,不断拓宽知识视野,增强内在的学习动力,并最终提高学习效果。因此,学习资源获取能力的培养,不仅是自主学习能力提升的关键一环,更是学生适应信息化时代学习需求的必备能力。

(五)学习评价与反思能力

学习评价与反思能力是自主学习不可或缺的环节。每当学习告一段落，学生都应站在一个更高的视角，审视自己的学习成果，并深度反思整个学习过程。这不仅仅是对知识掌握情况的简单检测，更包括对技能运用能力的全面评估，以及学习态度、方法等诸多方面的深刻反思。在这一过程中，学生需要挖掘自己的优点，更要敢于直面不足，因为只有真实、客观地评价，才能为未来的学习提供准确的改进方向和建议。评价与反思的过程，实质上也是一次思维的洗礼和升华，它有助于培养学生的批判性思维，使他们在面对知识时不再盲目接受，而是学会质疑、分析、判断。而这种批判性思维，正是创新能力的源泉，它激励学生不断探索未知、勇于突破自我，从而在知识的海洋中乘风破浪，驶向更广阔的天地。

三、自主学习能力的重要性

(一)提升学术表现

自主学习能力对于提升学生的学术表现具有显著作用。自主学习鼓励学生发挥主动性，独立地探索和获取知识，而不仅仅是被动地接受教师传授的内容。在这个过程中，学生能够深入挖掘学科知识的内涵，通过自己的思考和理解，将新知识融入已有的知识体系中，从而构建起更加完整、系统的知识结构。这种学习方式不仅提高了学生的学习效率，使他们能够在有限的时间内掌握更多的知识和技能，还有助于他们在各种学术测试和评估中展现出更高的水平，取得更好的成绩。更重要的是，自主学习能力使学生具备了适应不断变化的学术环境的能力。随着学科的发展和知识体系的更新，学生需要不断学习和掌握新的知识和技能。自主学习能力强的学生能够在新的学术环境中迅速适应并找到自己的定位，为未来的学术发展奠定坚实的基础。

(二)促进终身发展

自主学习能力是学生终身发展的关键因素。在如今这个日新月异的时代，知识和技能的需求变化速度前所未有，仅仅依靠传统教育方式获得的知识已经无法满足社会的需求。因此，自主学习能力成为学生能否适应社会发展的关键。具备自主学习能力的学生能够主动求知，持续不断地学习新知识和技能，紧跟时代的步伐。他们不会满足于现状，而是始终保持对知识的渴望和对技能的追求,从而在职业生涯中不断取得新的突破和成功。这种能力不仅关乎学生的职业发展,更与他们的生活质量紧密相连。通过自主学习,学生能够不断提升自己的综合素养,拓宽视野,增强自我认知,进而在个人成长和职业发展方面保持领先地位。

(三)培养创新思维

自主学习能力有助于培养学生的创新思维。自主学习本质上是一种主动、独立的学习方式,它要求学生不仅要掌握知识,更要学会如何获取知识、运用知识。在这个过程中,学生需要独立思考、自主解决问题,不断探索新的知识和领域。这种学习方式无疑为学生提供了广阔的思维空间和创造机会,有助于激发他们的创造力和想象力。通过自主学习,学生不再是被动的知识接受者,而是成为知识的探索者和创新者。他们敢于质疑、勇于挑战,不断提出新的观点、新的想法,从而培养出创新思维。这种创新思维是学生未来发展的重要驱动力,它能够帮助学生更好地应对未来的挑战和机遇,为社会的发展和进步做出重要贡献。

(四)适应未来社会需求

随着科技的不断革新和社会的迅猛前进,未来社会对人才的需求模式正在发生深刻变革。自主学习能力已然成为适应这一变革的关键能力之一。具备自主学习能力的学生,能够在面对新技术、新环境和新挑战时,展现出更高的适应能力和应对能力。他们能够主动求知,勇于探索未知领域,不断更新自己的知识和技能储备,从而在未来的社会发展中占据有利地位,为社会的进步和繁荣贡献自己的力量。同时,自主学习能力也是学生不断拓展知识领域、提升技能水平的重要途径。通过自主学习,学生能够接触到更广阔的知识天地,丰富自己的知识体系,提升自己的综合素质。这种能力的提升,不仅使学生在学术上取得更好的成绩,更为他们未来的职业生涯打下了坚实的基础,使他们在激烈的竞争中脱颖而出,成为社会的栋梁之材。

第四节　合作与沟通能力

一、合作与沟通能力的内涵

(一)理解与尊重

合作与沟通的基础是理解与尊重,这两者相辅相成,构成了人际交往中不可或缺的元素。理解与尊重意味着对他人的观点、情感和需求保持高度的敏感度和接纳度。在与人交往时，我们需要摒弃自我中心的态度，转而倾听他人的声音，深入体会他们的立场和需求。通过倾听，我们不仅能够更好地理解他人，还能够展现出自己的尊重和关心，从而拉近彼此之间的距离。尊重他人的差异和多样性是理解与尊重的重要体现。每个人都有自己独特的背景、经历和价值观，这使得人们在看待同一件事时可能产生不同的观点和感受。一个具备合作与沟通能力的人，应该能够接纳这些差异，尊重他人的多样性，不因为他人与自己不同而产生排斥或歧视。相反，他们会从这些差异中汲取智慧，拓宽自己的视野，以更加开放和包容的心态面对世界。理解与尊重的态度对于建立和维护良好的人际关系至关重要。

（二）清晰表达

清晰表达无疑是沟通能力的核心要素，它要求我们在与人交流时能够准确无误地传达自己的思想、观点和情感。一个具备合作与沟通能力的人，必须精通如何运用恰当的语言和肢体语言来增强自己的表达力。这不仅包括选择合适的词汇和句式来明确表达意图，还需要通过适当的面部表情、手势和姿态来辅助传递信息，使沟通更加生动有力。同时，合理组织信息结构也是清晰表达的关键。我们需要有条理地安排内容的顺序和逻辑，确保信息的连贯性和完整性，以便听者能够轻松跟随并理解我们的思路。此外，掌握有效的表达技巧也至关重要。这包括运用恰当的语气、语调和语速来调控沟通氛围，使话语更具感染力和说服力。通过清晰表达，我们能够最大限度地减少信息的丢失和扭曲，确保听者能够准确捕捉我们的意图和需求。这样不仅可以有效避免误解和冲突的产生，还能够显著提升沟通效率，使双方能够在最短的时间内达成共识和合作。

（三）有效反馈

一个擅长合作与沟通的人，必然懂得如何给予他人及时、具体且富有建设性的反馈。这种反馈如同一面镜子，帮助接收者清晰地看到自己的表现，从而发现存在的问题和不足。通过有效反馈，人们可以及时调整自己的行为和策略，避免在错误的道路上越走越远。同时，具体而明确的反馈还能为改进提供明确的方向和指引，使改进过程更加有针对性和高效。在给予反馈时，建设性同样重要。建设性反馈不仅指出问题，更提供解决问题的建议和方法，帮助接收者更好地应对挑战、克服困难。这种反馈方式能够激发接收者的积极性和自主性，促进他们主动寻求改进和提升。值得一提的是，有效反馈还能够促进双方之间的深入交流和互动。在反馈的过程中,双方不仅需要就具体问题进行沟通,还会在无形中增进对彼此的了解和信任。这种互动和交流有助于打破隔阂、消除误会,为后续的合作奠定更加坚实的基础。

(四)团队协作

团队协作无疑是合作能力的显著表现,一个擅长合作与沟通的人,在团队中总能展现出非凡的协同工作能力,为团队目标的实现贡献关键力量。他们深知,团队的力量源于每个成员的积极参与和共同努力,因此总是全身心投入团队讨论和决策,分享自己的见解和资源,不断丰富团队的智慧和能量。他们乐于分享自己的经验和知识,也虚心汲取他人的优点和长处,以实现团队资源的最大化利用。在团队协作中,他们勇于承担个人责任,不推诿、不扯皮,以实际行动践行对团队的承诺。同时,他们也懂得如何支持团队成员,鼓励彼此,携手共进,让团队氛围更加融洽和谐。这种团队协作的精神,不仅提升了团队的整体效能,使团队在面对挑战时更加有力、有序,还极大地增强了团队的凝聚力和向心力,让团队成员更加紧密地团结在一起,共同为团队的成功而努力。

(五)适应变化

适应变化在合作与沟通中被誉为一种高级技能,尤其在当前这个日新月异、变化莫测的时代背景下更显其价值。面对快速变化的环境,单纯依靠传统的沟通方式和合作策略往往难以应对,这就需要我们具备极强的适应性和灵活性。一个真正擅长合作与沟通的人,总能在变革中游刃有余,他们擅长根据不同的情境和需求,迅速调整自己的沟通方式和合作策略。这种能力不仅体现在对新技术、新工具和新方法的快速学习和应用上,更体现在他们对待变化的态度上。他们总是保持着一颗开放和积极的心,勇于迎接挑战,乐于探索未知。在与他人合作时,他们不仅能够共同应对挑战,更能携手解决问题,让合作在变化中焕发新的生机。适应变化对个人和组织来说都具有深远的意义。它能够帮助我们在变革中保持竞争力,不被时代所淘汰;同时,它也是实现持续发展的关键所在,因为只有不断适应变化,才能不断前进,才能在这个瞬息万变的时代中立于不败之地。

二、合作与沟通能力构成的要素

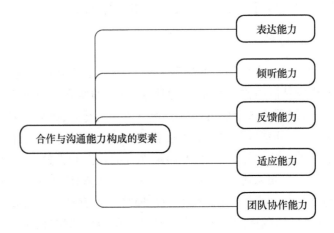

（一）表达能力

表达能力无疑是合作与沟通的基石，它要求我们在与人交流时能够清晰、准确地传达内心的思想和情感。在合作的过程中，明确表达自己的观点、需求和期望显得尤为重要，因为这直接关系到他人能否准确理解我们的意图，进而作出恰当且有效的回应。如果我们表达含糊不清，或者模棱两可，很可能导致沟通的障碍和误解的产生，这不仅会影响合作的顺利进行，还可能引发不必要的冲突和矛盾。因此，良好的表达能力对于提高沟通的效率和准确性具有至关重要的作用。通过清晰、明确的表达，我们能够确保信息在传递过程中不失真，不产生歧义，从而让合作更加顺畅，让沟通更加高效。

（二）倾听能力

倾听能力在合作与沟通中占据着举足轻重的地位。它不仅仅是一种对他人的尊重，更是确保信息准确传递、理解对方真实意图的关键。在与人交往的过程中，仔细听取他人的意见和建议是至关重要的。这不仅能够帮助我们全面了解问题的多个方面，还能够从他人的经验和知识中汲取智慧。通过倾听，我们能够深入洞察他人的需求和感受，进而做出更加贴切、有针对性的回应。倾听不仅仅是听到对方说了什么，更重要的是理解对方话语背后的含义和情感。这需要我们集中注意力，摒弃内心的偏见和先入为主的观念，以开放的心态去接纳和理解他人的观点。只有这样，我们才能够真正站在他人的立场上思考问题,体会到他们的喜怒哀乐。在合作中,倾听能力的作用尤为显著。通过倾听,我们可以更好地了解团队成员的想法和意见,从而协调各方利益,确保项目的顺利进行。

(三)反馈能力

在与人合作的过程中,及时给予他人反馈是至关重要的。这种反馈不仅可以让对方了解自己的表现如何,更重要的是,它能够帮助对方认识到自己存在的问题和不足之处。通过反馈,我们可以为他人提供一面清晰的镜子,让他们看到自己的真实状态,从而有针对性地进行调整和改进。有效的反馈应当具备具体性和明确性。我们不能仅仅停留在表面的赞美或批评上,而应该具体指出对方在哪些方面做得好,哪些方面还需要改进。这样的反馈才能让对方真正受益,才能体现出我们的真诚和负责任态度。同时,我们在给予反馈时也要注重平衡,既要肯定对方的优点和成绩,以激发他们的积极性和自信心;也要诚恳地提出改进意见,以帮助他们不断进步和提升。

(四)协调能力

协调能力无疑是合作与沟通中的一项核心能力。在团队合作或项目执行的每一个环节,都可能涉及不同个体的利益诉求、意见分歧甚至直接的冲突和矛盾。这时,协调能力就显得尤为重要。它不仅仅是一种技巧,更是一种艺术,要求我们能够在各方之间找到平衡点,确保合作能够顺利进行。要具备良好的协调能力,首先,我们必须具备出色的人际交往能力。这意味着我们需要懂得如何与他人建立和维护关系,如何理解他人的需求和期望,以及如何在不同的人际环境中调整自己的沟通方式。其次,谈判技巧也是协调能力的重要组成部分。在谈判中,我们需要学会如何倾听对方的观点,如何提出自己的诉求,以及如何在双方之间找到共同的利益点。

(五)适应能力

适应能力在合作与沟通中占据着举足轻重的地位。在如今这个快速变化的时代,无论是工作环境、团队构成,还是技术工具,都可能随时随地发生变革。面对这些变化,如果我们不能及时调整自己的沟通方式和合作策略,就很容易被时代所淘汰。因此,适应能力成为我们在合作与沟通中不可或缺的重要技能。要具备良好的适应能力,我们首先需要保持一种开放的心态。这意味着我们不能故步自封,而是要勇于接受新事物,敢于挑战自己的舒适区。

（六）团队协作能力

团队协作能力无疑是合作与沟通能力的核心体现。在一个团队中，每个人都是独特的个体，但只有当这些个体能够有效地协同工作，才能发挥出团队的最大潜能。这需要我们每个团队成员都积极参与讨论和决策，敢于发表自己的观点，也愿意倾听他人的意见。通过分享资源和经验，我们可以避免重复劳动，提高工作效率，也能促进团队成员之间的相互了解和信任。在团队中，承担个人责任是至关重要的。每个人都有自己的职责和角色，只有当我们都能尽职尽责地完成自己的任务，才能确保团队的整体目标得以实现。

第五节　创新与实践能力

一、创新与实践能力的内涵

（一）创新精神

创新精神是推动个人和社会进步不可或缺的重要力量。它不仅仅是一种思维能力，更是一种勇于挑战、不断探索的精神状态。创新精神要求我们能够综合运用已有的知识、信息、技能和方法，敢于提出新方法、新观点，具备进行发明创造、改革、革新的意志、信心、勇气和智慧。在创新精神的驱动下，我们不仅要学会独立思考，还要积极探索未知的领域。独立思考是创新精神的基石，它要求我们不满足于现有的知识和观念，敢于对传统和权威质疑，勇于挑战现有的认知边界。只有这样，我们才能摆脱思维定式的束缚，发现新的问题和机会，提出具有创新性的解决方案。同时，创新精神也强调对已有知识和技能的综合运用。创新并不是凭空产生的，而是建立在对已有知识和技能的深入理解和掌握的基础之上。我们需要学会将不同领域的知识和技能进行融合，产生新的创意和想法。这种跨界的思维方式可以帮助我们发现新的联系和规律，为创新提供源源不断的灵感。除此之外，创新精神还需要具备坚定的意志、信心和勇气。创新是一个充满风险和不确定性的过程，我们需要有足够的勇气去面对困难和挫折，有足够的信心去坚持自己的信念和目标。只有具备了这些品质，我们才能在创新的道路上不断前行，最终实现自己的梦想和目标。创新精神对于个人和社会的发展都具有重要的意义。对于个人来说，创新精神可以帮助我们不断提升自己的能力和价值，实现自我超越和发展。对于社会来说，创新精神则是推动科技进步、经济发展和文化繁荣的重要动力。

一个充满创新精神的社会将不断涌现出新的创意和想法,为人类的未来提供更多的可能性和希望。在教育领域,创新精神的培养更是至关重要的。教育不仅仅是传授知识,更重要的是培养人们的思维能力和创新精神。一个优秀的学生或者教育者应该具备独立思考、积极探索的品质,勇于挑战传统和权威,不断追求新的知识和技能。

(二)实践能力

实践能力,简而言之,便是人们在实际操作中利用已有知识和技能去解决问题、完成任务的能力。然而,这并非仅仅是对专业知识和技能的简单掌握,它更是一种将这些理论层面的内容应用于实际情境中的高阶能力。实践能力的内涵十分丰富,它涵盖了计划组织、信息加工、动手操作以及对创新成果的表达能力等多个层面,是创新实践能力的另一大支柱,更是将创新想法转化为现实、解决实际问题的核心所在。在计划组织方面,实践能力体现在对任务的整体把握和合理规划上。一个具备良好实践能力的人,能够清晰地识别出任务的目标、要求和限制条件,进而制订出切实可行的实施计划。他们懂得如何分配资源、安排时间,确保任务高效有序地进行。这种能力在项目管理、团队协作等多个领域都有着广泛的应用。信息加工能力是实践能力的另一重要组成部分。在解决实际问题时,我们需要从海量的信息中筛选出有价值的内容,进行深入的分析和处理。具备良好实践能力的人,能够敏锐地捕捉到问题的关键信息,运用逻辑思维和数据分析等方法,对信息进行有效的整合和提炼,为问题的解决提供有力的支持。动手操作能力则是实践能力中最为直观和具体的一种体现。它要求我们能够将理论知识和抽象概念转化为具体的操作和实践。一个具备良好实践能力的人,不仅懂得如何说,更懂得如何做。他们能够在实践中不断摸索和尝试,通过反复练习和修正,逐渐掌握操作的技巧和精髓。这种能力在技能学习、实验操作等领域尤为重要。此外,对创新成果的表达能力也是实践能力不可或缺的一部分。创新实践往往会产生新的想法、观点或产品,如何将这些创新成果准确地表达出来,让他人理解和接受,是实践能力的重要体现。一个具备良好实践能力的人,能够清晰地阐述自己的创新理念和实践过程,通过文字、图表、演示等多种方式,将创新成果生动地呈现出来。这种能力在学术交流、产品推广等领域具有广泛的应用价值。

创新精神和实践能力是相辅相成、交互作用于客体的。创新精神为实践能力提供指导和动力,而实践能力则为创新精神提供实现途径和验证方式。两者共同构成创新实践能力的内涵,推动个人和社会在不断创新中实现进步和发展。

二、创新与实践能力的构成

(一)创新思维能力

创新思维能力是创新与实践能力的核心所在,它涵盖了发现问题、分析问题、解决问题的能力,还包括了能够提出新颖思想、独特观点和创新方法的能力。要想拥有这样的创新思维能力,个人必须具备敏锐的洞察力,能够捕捉到常人难以觉察的信息和细节,从而挖掘出潜在的问题和机会。同时,丰富的想象力也是不可或缺的,它能够帮助我们打破思维定式,跳出传统的框架,探索出全新的可能性。此外,批判性思维也是创新思维能力的重要组成部分,它要求我们对已有的知识和观点保持审慎和质疑的态度,通过深入的分析和推理,形成自己独立的见解和判断。只有具备了这些要素,我们才能在创新实践中不断发现新的问题、提出新的解决方案,推动个人和社会的进步与发展。

(二)专业知识与技能

创新与实践能力必须建立在扎实的专业知识与技能的基础之上,这一点毋庸置疑。深厚的专业知识储备和精湛的技术技能,是个人在创新实践中能够立足的根本。这些知识与技能不仅包括了本领域的核心理论和关键技术,还涉及了跨学科的综合性知识。在当今这个知识爆炸的时代,单一领域的知识已经难以满足创新实践的需求,跨学科的知识与技能变得尤为重要。通过融合不同学科的知识和方法,个人能够形成独特的创新视角和解决方案,从而在创新实践中脱颖而出。同时,我们也应该意识到,专业知识与技能的培养是一个持续不断的过程。随着科技的不断进步和社会的快速发展,新的知识和技术层出不穷。个人必须保持学习的热情和动力,不断更新自己的知识体系和技术能力,才能紧跟时代的步伐,在创新实践中保持竞争力。

(三)实践操作能力

这是将创新思维转化为实际成果的关键能力,涵盖了实验设计、数据收集与分析、技术实现以及成果展示等多个重要环节。在实验设计方面,个人需要掌握科学的研究方法,能够合理设计实验方案,确保实验的有效性和可靠性。数据收集与分析能力则要求个人能够准确获取实验数据,并运用统计学等方法进行深入分析,从而揭示数据背后的规律和趋势。技术实现能力是将理论转化为实践的具体操作,要求个人具备扎实的技术基础和熟练的操作技能。成果展示能力则是将实验结果和创新成果以清晰、准确的方式呈现给外界,包括撰写研究报告、发表学术论文、举办科普讲座等多种形式。这些能力的获得和提升并非一蹴而就,而是需要在实践中不断摸索、尝试和反思。通过参与科研项目、开展实验研究、进行技术攻关等活动,个人能够逐步积累实践经验,提升各项能力水平。同时,也要注重理论知识的学习,将理论与实践相结合,形成完整的创新实践能力体系。

(四)团队合作能力

创新与实践往往并非单兵作战,而是需要整个团队的协同努力。因此,团队协作能力成为创新与实践能力中不可或缺的一环。在团队协作中,沟通能力是至关重要的。团队成员之间需要清晰、准确地传达信息,理解彼此的想法和需求,才能确保项目的顺利进行。此外,组织协调能力也是团队协作中的核心能力之一。团队成员需要合理分工,明确各自的责任和任务,同时要保持紧密的配合,共同应对各种挑战。而团队合作精神则是团队协作的基石,它要求团队成员相互信任、互相支持,共同为团队的目标而努力。在创新实践中,团队协作能力的重要性尤为突出。一个优秀的团队能够汇聚每个成员的智慧和力量,形成强大的创新合力,从而推动项目的成功实施。因此,我们应该注重培养自己的团队协作能力,学会与他人有效沟通、协调配合,共同为创新与实践的目标而努力。

(五)学习能力

在快速变化的环境中,学习能力成为保持创新与实践能力持续发展的核心要素。随着科技的飞速进步和知识的不断更新,学习新知识、新技能的能力显得尤为重要。个人需要具备敏锐的学习意识和高效的学习方法,能够迅速掌握新的知识和技能,并将其应用于实践中。同时,从实践中总结经验教训、不断改进提升的能力也是学习能力的重要组成部分。创新与实践是一个不断试错、不断改进的过程,个人需要善于从实践中发现问题、分析原因、总结经验,并及时调整策略和方法,以实现持续改进和提升。只有具备强大的学习能力,个人才能在快速变化的环境中保持竞争力,不断推动创新与实践能力的发展。因此,我们应该注重培养自己的学习能力,保持对新知识和新技能的关注和追求,同时不断反思和总结实践经验,为自己的创新与实践能力注入源源不断的动力。

第四章 综合学习与学生核心素养发展的关系

第一节 综合学习对学生核心素养发展的促进作用

一、拓宽知识视野,提升文化素养

(一)跨学科知识整合的优势

综合学习是一种高效且富有创新性的学习方式,它通过跨学科的知识整合来解决实际问题或深入探究复杂主题。这种学习方式的核心在于打破传统学科间的壁垒,将不同领域的知识、方法和技能有机融合,从而使学生能更全面、系统地理解问题,并提高其综合素养和认知能力。在综合学习中,学生不再局限于单一学科的知识体系,而是能够运用多学科的知识和方法来共同解决问题。这种跨学科的整合不仅提升了学生的问题解决能力,更激发了他们的创新思维。此外,综合学习还着重培养学生的批判性思维和自主学习能力。在筛选、比较和评价不同学科知识的过程中,学生的批判性思维得到锻炼,他们的自主学习能力和自我发展能力也得到提高。更重要的是,综合学习拓宽了学生的知识视野,使他们能够接触到更广泛的知识领域和更丰富的文化内涵,这有助于增强他们的文化素养。同时,通过强调实践和社会参与,综合学习让学生在实践中学习,在探究中成长,进一步提升了他们的实践能力和社会责任感。

(二)多元文化与全球视野的培养

在全球化的时代背景下,多元文化和全球视野已成为人才必备的核心素养。综合学习,凭借其独特的跨学科、跨文化特性,正成为培育这些素养的重要途径。通过引入世界各地的文化知识,综合学习让学生领略到多元文化的魅力,不仅加深了对本国传统的理解,更打开了通向世界文化的大门。学生在学习的过程中,逐渐形成了开放、包容的心态,能够尊重并欣赏文化的多样性。同时,综合学习强调从全球视角出发,思考和解决现实问题。在全球化的浪潮中,无论是气候变化、经济发展,还是社会公正,都需要我们超越国界,以全人类的福祉为出发点。这种全球意识的培养,不仅让学生更具国际竞争力,更让他们成为有担当、有视野的全球公民。此外,综合学习还为学生提供了宝贵的跨文化交流机会。来自不同国家、文化背景的学生汇聚一堂,共同学习、探讨,这种经历不仅锻炼了他们的语言和团队协作能力,更在无形中增进了他们对多元文化的理解和认同。在接触和学习不同文化的过程中,批判性思维的培养也至关重要。学生需要学会在多元的文化和观点中,进行独立思考和自主判断,不盲从、不偏信。这种能力的培养,不仅让他们在面对全球议题时能够做出更加全面、客观的分析,更让他们在未来的生活和工作中,能够成为有主见、有判断力的优秀人才。

(三)提高信息筛选、处理与应用能力

在信息爆炸的时代,信息筛选、处理与应用能力已成为学生必备的核心素养之一。综合学习作为一种跨学科、整合性的学习方式,能够有效地提高学生的这些能力。综合学习强调学生在实际问题或主题中进行探究和学习。在探究过程中,学生需要从各种渠道搜集大量的信息,这就锻炼了他们的信息筛选能力。学生需要学会判断哪些信息是有价值的、与问题相关的,哪些信息是无关紧要的或误导性的。通过不断实践和反思,学生会逐渐形成敏锐的信息嗅觉和高效的筛选策略。综合学习要求学生对筛选出的信息进行深入的分析和处理。这包括理解信息的含义、挖掘信息之间的联系、对信息进行分类和整理等。在这个过程中,学生需要运用逻辑思维、批判性思维等高级思维技能,对信息进行深入的剖析和解读。这样的学习过程不仅提高了学生的信息处理能力,还培养了他们的思维深度和广度。综合学习鼓励学生将处理后的信息应用于实际问题的解决中。学生需要将所学知识与实际问题相结合,运用信息来制定解决方案、验证假设或解释现象。这种应用过程不仅检验了学生对信息的理解和掌握程度,还锻炼了他们的实践能力和问题解决能力。同时,通过不断地将信息应用于实际情境中,学生还能够加深对知识的理解和记忆,提高学习效果。

二、提升自主学习能力与实践能力

(一)鼓励学生主动参与探究

在现代教育中,学生的主动参与和探究被看作是提升学习效果与培养创新能力的基石。综合学习正是这样一种能激发学生积极性与探究欲的教育方

法。它融合了多学科知识,打破了传统界限,为学生创造了一个广阔且多元的学习空间。在这样的学习环境中,学生不再局限于单一学科,而是能够探索知识的交汇点,发现新问题,满足好奇心。综合学习不仅注重理论传授,更强调实践体验,鼓励学生走出教室,通过亲身操作来深化理解,锻炼实践能力。这种学习方式使学生从被动接受者变为主动探究者,在发现、分析与解决问题的过程中,培养了他们的独立思考与自主学习能力。同时,综合学习倡导师生之间的互动与合作,教师成为学生的引导者和伙伴,共同营造了一个和谐、民主的学习氛围。在这样的环境中,学生乐于表达、分享,进一步加大了对学习的投入。综合学习以其跨学科性、实践性与合作性,有效地促进了学生的全面发展,提升了教育质量,是现代教育中不可或缺的重要方法。

(二)培养自主规划、监控与评估学习的能力

在当今快速变化的社会中,自主学习能力已成为学生成功的关键。综合学习,作为一种注重学生主体性和自主性的教育模式,对于提升学生自主规划、监控和评估学习的能力至关重要。在综合学习中,学生根据自己的兴趣、需求和目标,自主选择学习内容和方法,从而成为学习的真正主人。这种自主规划不仅激发了学生的学习热情,还培养了他们的自我管理能力。同时,学生需要持续监控自己的学习状态,及时调整学习策略,以保持高效的学习进程。此外,定期的自我评估与反思更是帮助学生客观认识自己的学习状况,发现不足并制订改进计划。综合学习通过这一系列实践,不仅提升了学生的学业成绩,更培养了他们的创新思维和终身学习的习惯。这种教育模式真正实现了学生由被动学习向主动学习的转变,为他们的未来发展和终身学习奠定了坚实的基础。因此,综合学习不仅是现代教育的重要趋势,更是培养学生自主学习能力、应对未来挑战的有效途径。

(三)提供实践平台,锻炼动手能力与解决问题能力

在当今社会,随着科技和知识的迅速发展,学生除了传统学习,还需具备动手能力和解决问题能力。综合学习,作为一种重实践和探究的教育模式,为学生提供了锻炼这些能力的宝贵平台。它鼓励学生将知识与实际应用结合,通过实践探究问题,培养动手能力。在实践活动中,如制作模型、实验、项目等,学生亲身体验知识的实用性,提升兴趣。同时,面对实践中的问题和挑战,学生需独立思考、分析并寻找解决方案,这锻炼了他们的逻辑思维和问题解决能力。此外,综合学习倡导学生间的合作与交流,分组完成任务,培养团队协作和沟通能力。在这种氛围中,学生互相分享、讨论,拓宽视野,激发创新和批

判性思维。综合学习不仅锻炼学生的动手和解决问题能力,更培养他们的创新、批判性思维和协作能力,对未来学习和生活至关重要。因此,教育者应重视综合学习,学校和社会也应提供更多实践机会,共同培养具备实践能力和创新精神的新型人才,以自信、自主地面对未来挑战。

三、培养创新思维与解决问题的能力

(一)激发好奇心与探究欲

学习,对多数学生而言,常是被动接受,但综合学习如一股清流,为教育注入新活力。它打破传统分科教学,强调跨学科融合,鼓励学生主动探索、发现问题。在此过程中,学生的好奇心与探究欲被极大激发。综合学习让学生接触更广阔的知识领域,当不同学科知识碰撞、融合,产生新奇问题和现象,等待学生揭开面纱。这种未知探索,无疑极大激发了学生的好奇心。同时,综合学习强调学生主体性,鼓励他们通过实验、观察等方式亲身感受知识产生和发展,深入理解并享受学习乐趣,进一步激发探究欲望。此外,综合学习还注重培养批判性思维和创新能力,让学生学会从不同角度看待问题,创新性地解决问题,这也无疑会增强学生的好奇心和探究欲望。综合学习,让学习不再是枯燥无味的被动接受过程,而是充满好奇与探究的主动发现之旅。

(二)鼓励尝试新方法、新思路解决问题

在当下这个日新月异的时代,传统的学习方式因局限于既定框架和思维模式而难以适应变化。综合学习,作为一种灵活多变的教育方法,鼓励学生尝试新方法、新思路解决问题,培养其创新思维和解决问题的能力。它打破学科壁垒,整合知识,提供广阔视野,让学生从多角度审视问题,探索更多可能性。注重实践和体验,让学生在亲身实践中发现问题、解决问题,锻炼动手能力,培养创新思维。倡导合作与交流,相互借鉴、启发,拓宽思维,打破思维定式。同时,综合学习还强调培养学生的自主学习能力和批判性思维,让他们根据自己的兴趣和需求选择学习内容和方法,形成个性化学习路径,学会质疑、反思和探索。综合学习不仅适应时代变化,更能有效培养学生的创新思维和解决问题的能力,为未来发展奠定坚实基础。

(三)培养批判性思维与创造性思维

综合学习强调跨学科的知识融合,鼓励学生从不同角度审视问题,打破传统思维定式。在探究问题的过程中,学生需要运用批判性思维,对信息进行筛

选、分析、评估,从而形成自己的独立见解。这种学习方式让学生不再盲目接受知识,而是学会质疑、反思,进而提升他们的思维深度和广度。同时,综合学习还注重学生的实践性体验,为他们提供丰富的创新机会。在实践活动中,学生需要运用所学知识解决实际问题,这往往要求他们发挥创造性思维,提出新颖、独特的解决方案。这种实践过程不仅锻炼了学生的动手能力,更激发了他们的创造潜能,让他们在创新中体验成功的喜悦。此外,综合学习倡导合作与交流的学习方式,为学生营造一个开放、多元的学习环境。在合作中,学生可以相互启发、碰撞思想,从而激发出新的创意和灵感。通过交流,他们可以了解不同观点和见解,拓宽自己的思维视野。这种学习方式有助于培养学生的协作精神和包容性,为他们的未来发展奠定坚实基础。综合学习还强调培养学生的自主学习能力和终身学习意识。在自主学习过程中,学生需要独立思考、自主探究,这有助于培养他们的批判性思维和创造性思维。而终身学习意识则让学生保持对新知识的渴望和追求,不断提升自己的思维能力和创新能力。

四、增强社会责任感与公民意识

(一)关注社会热点问题,提高社会责任感

在当下社会,各种热点问题层出不穷,从环境保护到社会公正,从科技创新到国际关系,每一个议题都与我们的生活息息相关。综合学习作为一种全面、跨学科的教育方式,能够引导学生深入探究这些社会热点问题,从而提高他们的社会责任感。通过综合学习,学生不再局限于课本上的知识,而是将学习的触角延伸到社会的各个角落。他们开始主动关注新闻动态,了解国内外发生的大事小情,对社会热点问题产生浓厚的兴趣。这种关注不仅让学生拓宽了视野,增长了见识,更重要的是激发了他们的社会责任感和使命感。在深入探究社会热点问题的过程中,学生需要运用所学知识进行分析、判断和思考。他们开始意识到,作为社会的一员,自己应该为社会的发展和进步做出贡献。这种意识逐渐转化为行动,促使学生积极参与各种社会实践活动,如志愿服务、公益活动等,用自己的力量推动社会问题的解决。此外,综合学习还注重培养学生的团队协作和沟通能力。在关注社会热点问题的过程中,学生需要与同学、老师、家长以及社会各界人士进行交流和合作。这种交流和合作不仅提高了学生的沟通能力和团队协作能力,还让他们学会了如何与不同背景的人共同解决问题,进一步增强了他们的社会责任感。因此,综合学习通过引导学生关注社会热点问题、参与社会实践活动以及培养团队协作和沟通能力

等途径,有效地增强了学生的社会责任感。这种教育方式不仅有助于学生的全面发展,更为社会的和谐与进步做出了积极贡献。

(二)培养公民意识,积极参与公共事务

在当今社会,培养学生的公民意识,引导他们积极参与公共事务,已成为教育的重要目标之一。综合学习,作为一种全面、多元的教育方式,正是实现这一目标的有效途径。综合学习鼓励学生关注社会、关注生活,从身边的小事做起,逐步拓展到对国家、对世界的认知。通过探究社会热点问题,学生能够深入了解社会现象,理解社会运行的规律,从而形成对社会的正确认识。这种认识不仅让学生具备了基本的公民素养,更为他们未来参与公共事务打下了坚实的基础。同时,综合学习注重培养学生的批判性思维和独立思考能力。在探究问题的过程中,学生需要运用所学知识进行分析、判断,形成自己的独立见解。这种思考过程不仅锻炼了学生的思维能力,更让他们学会了如何从多个角度审视问题,为未来参与公共事务提供了多元化的视角。此外,综合学习还通过实践活动、志愿服务等方式,让学生亲身体验社会、了解社会。在这些活动中,学生需要与不同背景的人进行交流、合作,共同解决问题。这种实践过程不仅提升了学生的社会适应能力,更让他们学会了如何以公民的身份参与社会公共事务。

(三)倡导道德规范,形成良好的品格与习惯

在学生的成长过程中,道德规范的养成与良好品格和习惯的形成至关重要。综合学习作为一种全面、系统的教育方法,不仅关注学生的知识积累,更强调道德规范和良好习惯的培养。通过综合学习,学生能够深入理解道德规范的重要性,并在实践中逐渐形成良好的品格与习惯。综合学习将道德规范融入课程内容和日常教学活动中,让学生在学习的同时,不断受到正确价值观和行为准则的熏陶。教师会通过案例分析、角色扮演等形式,引导学生思考道德问题,明确道德标准,从而树立正确的道德观念。这种学习方式让学生意识到,道德不仅是个人修养的体现,更是社会和谐与进步的基石。此外,综合学习还注重在实践活动中培养学生的良好品格与习惯。通过参与志愿服务、社会实践等活动,学生能够亲身体验到道德规范在生活中的实际应用,从而更加自觉地遵守社会公德、尊重他人、关爱环境。这些实践经历不仅锻炼了学生的社会适应能力,更让他们在潜移默化中形成了积极向上的品格和习惯。综合学习还强调家庭、学校与社会的协同育人作用。通过家校合作、社区共建等方式,共同为学生营造一个积极向上、充满正能量的成长环境。在这种环境中,

学生会受到来自多方面的正面影响,不断激发内在的道德自觉和良好习惯的形成。

第二节　学生核心素养发展对综合学习的推动作用

一、主动学习能力

(一)提高学习效率和质量

学生发展核心素质对于提高学习效率和质量具有至关重要的作用。核心素质涵盖了自主学习能力、批判性思维、创新能力、团队协作、沟通能力以及责任感等多个方面,这些素质的综合提升不仅有助于学生在学术上取得更出色的成绩,还能够培养他们的终身学习习惯和创新精神。这种自我驱动的学习方式让学生更加深入地理解和掌握知识,进而提高学习效率。同时,自主学习还能够培养学生的自律性,让他们在学习过程中保持高度的专注力和持续的学习动力。这种思维方式能够让学生超越传统的学习框架,探索新的学习领域和方法,从而拓宽知识视野并提升学习质量。通过不断锻炼批判性思维和创新能力,学生能够培养出敏锐的洞察力和创造力,为未来的学习和工作奠定坚实基础。团队协作和沟通能力使学生在学习过程中能够相互借鉴、相互启发,共同解决问题。这种合作式的学习方式不仅能够提高学习效率,还能够培养学生的团队协作精神和人际交往能力。同时,良好的沟通能力有助于学生更加清晰地表达自己的思想和观点,促进知识的交流和共享,进一步提升学习质量。责任感则是学生学习过程中的重要保障。具备责任感的学生会更加认真地对待自己的学习任务,勇于承担责任并积极面对挑战。

(二)培养终身学习的习惯

学生发展核心素养对于培养终身学习的习惯至关重要。核心素养不仅仅关注学生在校期间的学习成绩,更着眼于他们未来生活和职业发展的长远需求,通过提升学生的自主学习能力、批判性思维、创新能力以及团队协作和沟通能力等核心素养,激发他们的学习兴趣和内在动力,使他们更加主动地投入到学习中去。这种积极的学习态度会逐渐内化为学生的自觉行为,形成终身学习的习惯。同时,核心素养的培养还有助于学生掌握有效的学习方法和策略,提高学习效率,从而更好地适应未来社会不断变化的学习需求。因此,学校和教育工作者应该注重学生核心素养的全面发展,为他们打下坚实的终身学习基础。

（三）促进综合学习中的自主探究

学生发展核心素养能够极大地促进综合学习中的自主探究。在综合学习中，自主探究是一种重要的学习方式，它要求学生主动发现问题、提出问题，并通过独立思考和合作交流找到解决问题的方法。而学生核心素养的提升，为自主探究提供了有力的支撑。首先，自主学习能力是自主探究的基础。当学生具备了自主学习能力，他们就能够根据自己的兴趣和需求，主动选择学习内容和方法，制订个性化的学习计划。这种自我驱动的学习方式，让学生在综合学习中更加主动地探究问题，寻求答案。其次，批判性思维和创新能力是自主探究的关键。具备批判性思维的学生，能够独立思考，对所学知识进行质疑和反思，提出自己的见解和观点。而创新能力则能够让学生在探究过程中，发现新的思路和方法，提出创新性的解决方案。这两种能力的结合，使学生在综合学习中能够深入探究问题，挖掘知识的内在联系，形成独特的理解和认识。最后，团队协作和沟通能力是自主探究的助力。在综合学习中，学生往往需要与他人合作，共同探究问题。团队协作能够让学生相互借鉴、相互启发，共同解决问题。而良好的沟通能力则能够让学生在合作中更加清晰地表达自己的思想和观点，促进知识的交流和共享。这些核心素养的提升，使学生在综合学习中的自主探究更加深入、全面，提高了学习的效果和质量。

二、批判性思维与创新精神

（一）分析问题、解决问题的能力

学生核心素养的发展对于提高分析问题、解决问题的能力至关重要。核心素养涵盖了自主学习、批判性思维、创新能力等多方面，这些能力的提升有助于学生在面对问题时更加敏锐、准确地进行分析，并提出有效的解决方案。自主学习能力的培养使学生能够主动探索问题，批判性思维则让他们不盲目接受既有观点，而是进行深入思考、质疑和反思。这种思维方式的形成，使学生在分析问题时能够抓住问题的本质，不被表面现象所迷惑。同时，创新能力的培养鼓励学生从不同角度审视问题，寻找新的解决路径，这种开放性的思维方式有助于他们打破传统框架，提出富有创意的解决方案。此外，核心素养还包括了沟通协作、责任担当等方面的能力，这些能力的提升使学生在解决问题的过程中能够与他人有效合作，共同攻克难关。学生核心素养的发展是提高分析问题、解决问题能力的重要途径，它不仅关注学生的知识储备，更强调学生的思维品质、实践能力以及创新精神的培养,为学生未来的学习和生活奠定坚实基础。

(二)创新思维的培养

学生发展核心素养对促进创新思维的培养具有至关重要的作用。核心素养的提升涵盖了自主学习、批判性思维、问题解决能力等多方面,这些能力的培养为学生创新思维的发展奠定了坚实的基础。自主学习鼓励学生主动探索未知领域,勇于尝试新方法,从而激发他们的创新意识。批判性思维则使学生不满足于既有知识,敢于对权威观点质疑,这种求异思维正是创新思维的核心。同时,通过培养问题解决能力,学生学会从不同角度审视问题,寻找创新性的解决方案。此外,核心素养中的团队协作、沟通能力等也为学生创新思维的发展提供了良好的环境,使他们在交流中碰撞思想,激发新的灵感。因此,学生发展核心素养不仅有助于提升他们的综合素质,更是培养创新思维的重要途径,为未来的创新人才培养奠定了坚实的基础。

(三)对综合学习中跨学科融合的推动

学生发展核心素养对综合学习中跨学科融合具有显著的推动作用。核心素养强调学生的全面发展,包括自主学习能力、批判性思维、创新能力、团队协作等多个方面。这些素养的培养不仅关注学生的单一学科知识掌握,更注重不同学科之间的交叉融合。在综合学习中,跨学科融合是关键,它要求学生能够将不同学科的知识、方法和技能进行整合,形成全面、深入的理解。而学生核心素养的发展,正是实现这一目标的重要基础。具备自主学习能力的学生,能够主动探索不同学科之间的联系,发现跨学科的知识点;批判性思维和创新能力则有助于学生从不同学科角度审视问题,提出新颖的观点和解决方案;团队协作能力则让学生在跨学科的项目中更好地与他人合作,共同解决问题。因此,学生发展核心素养是推动综合学习中跨学科融合的关键因素,它不仅能够提高学生的综合学习能力,还能够培养他们的创新思维和解决问题的能力,为未来的学习和职业发展奠定坚实的基础。

三、团队合作能力与沟通技巧

(一)团队协作的重要性

学生核心素养的发展对团队协作具有极为重要的意义。在团队协作中,有效的沟通和协作技巧是成功的关键,而这些正是核心素养的重要组成部分。

当学生发展了良好的核心素养,如沟通能力、批判性思维、解决问题的能力以及领导力等,他们在团队中的表现会显著提升。良好的沟通能力使团队成员能够准确理解彼此的想法,减少误解和冲突;批判性思维则有助于团队成员对问题进行深入分析,提出有建设性的意见;解决问题的能力让团队成员在面对困难时能够迅速找到解决方案;而领导力则能够引导团队朝着共同的目标前进。因此,学生核心素养的发展不仅提升了个人的综合素质,更为团队协作的顺利进行提供了有力保障,使团队更高效地完成任务,达到更好的成果。

(二)有效沟通技巧在综合学习中的应用

在发展学生核心素养的过程中,有效沟通技巧的应用在综合学习中发挥着至关重要的作用。综合学习强调知识的整合与跨学科融合,要求学生能够在多样化的学习环境中与同伴、教师进行有效合作与沟通。有效沟通技巧不仅促进了学生之间的信息共享和思想交流,还有助于提高团队协作的效率,推动项目的顺利进行。学生核心素养中的沟通能力是有效沟通技巧的基础。在综合学习中,学生需要学会倾听他人的观点,理解并尊重不同的意见,并能够清晰、准确地表达自己的看法。这样的沟通方式有助于建立积极的团队氛围,减少误解和冲突,促进团队成员之间的合作与协调。同时,有效沟通技巧还能帮助学生更好地参与课堂讨论和小组活动。通过提问、回答、讨论等方式,学生不仅能够加深对学习内容的理解,还能从同伴那里获得新的启示和灵感。这种互动式的学习方式有助于提高学生的批判性思维能力和问题解决能力,促进他们全面发展。此外,有效沟通技巧还能增强学生的自我意识和自信心。通过不断地与他人交流,学生能够更加清晰地认识自己的优点和不足,进而调整自己的学习方法和策略。同时,成功的沟通经历也会增强学生的自信心,激励他们在未来的学习中更加勇敢地表达自己的观点。

(三)促进知识共享与思想碰撞

学生核心素养的发展对于促进知识共享与思想碰撞具有至关重要的作用。在当今信息爆炸的时代,知识的获取已经不再是难题,而如何有效地整合、利用和分享知识则显得尤为重要。学生核心素养的培养,特别是沟通能力、批判性思维、团队协作和创新能力等方面的提升,为知识共享与思想碰撞提供了有力的支撑。首先,沟通能力的提升使得学生能够更加流畅地与他人交流,分享自己的见解和收获。他们不仅能够清晰地表达自己的观点,还能够倾听他人的想法,从而建立起一个开放、包容的学习环境。在这样的环境中,知识不再是孤立的,而是通过各种形式的交流得以传播和深化。其次,批判性思维的培养使学生不再满足于被动接受知识,而是开始主动质疑、反思,甚至挑战现有的知识体系。这种思维方式不仅能够推动知识的深化和拓展,还能够激发学生的创新思维,为知识的创新和应用提供源源不断的动力。再者,团队协作能力的提升让学生更加懂得如何与他人合作,共同解决问题。在团队中,每个成员都有自己独特的知识背景和思维方式,通过协作,这些知识和思想得以碰撞和融合,从而产生出更加全面、深入的见解。最后,创新能力的培养鼓励学生勇于探索未知领域,尝试新的方法和思路。这种创新精神不仅能够推动知识的进步,还能够为社会的发展注入新的活力。

四、责任感与公民素养

(一)对个人学习成果的负责

学生核心素养的发展对于个人学习成果的负责起着至关重要的作用。核心素养不仅涵盖了知识和技能,更包括学习态度、方法和价值观等方面的培养。这些素养的全面发展,使学生在学习过程中更加自主、高效,并对自己的学习成果负责。学生核心素养的发展培养了他们的自主学习能力,具备这种能力的学生能够明确学习目标,制订合理的学习计划,并主动寻求学习资源和机会。他们对自己的学习负责,能够独立思考和解决问题,从而取得更好的学习成果。核心素养的提升加强了学生的批判性思维和创新能力,学生不再盲目接受知识,而是学会批判地分析、评价和应用所学内容。同时,他们敢于挑战传统观念,提出新的想法和解决方案。这种创新思维有助于学生在学习过程中不断探索、创新和进步,从而取得更为突出的学习成果。此外,学生核心素养的发展还增强了他们的团队协作和沟通能力。在团队中,学生能够与他人有效合作,共同完成任务,相互支持、帮助和鼓励。这种协作精神有助于提升整个团队的学习效率和成果质量,使个人学习成果更加显著。核心素养的培养还让学生更加懂得如何对自己的学习进行反思和总结,他们能够及时发现自己学习中的不足和问题,并主动寻求改进和提升的方法。这种自我反思和持续改进的态度,使他们在学习过程中不断进步,对自己的学习成果负责。

(二)对团队协作的贡献

学生核心素养的发展对团队协作的贡献是显而易见的。在团队协作中,每个成员的核心素养都会直接影响整个团队的效率和成果。首先,沟通能力作为学生核心素养之一,对于团队协作至关重要。良好的沟通能力能够确保团队成员之间的信息准确传递,减少误解和冲突。当学生们能够清晰、明确地表达自己的观点和需求时,团队就能够更加高效地协作,共同解决问题。其次,批判性思维也是学生核心素养的重要组成部分,对团队协作产生积极影响。具备批判性思维的学生能够独立思考、分析问题,并提出建设性意见。在团队中,这样的成员能够推动团队进行深入的讨论和反思,从而找到更好的解决方案。他们的观点和见解能够为团队带来新的思路和灵感,促进团队的创新和发展。此外,团队协作能力本身就是学生核心素养之一。在团队中,每个学生都需要扮演自己的角色,发挥自己的优势,并与他人紧密合作。通过协作,团队成员能够共同完成任务,实现团队目标。这种协作精神不仅提升了团队的效率,也增强了团队的凝聚力,使团队成员更加愿意为团队的成功付出努力。最后,学生核心素养中的领导力也对团队协作产生积极的影响。具备领导力的学生能够引导和激励团队成员,推动团队朝着共同的目标前进。他们能够协调团队成员之间的关系,解决团队中的矛盾和冲突,确保团队的和谐与稳定。同时,领导力还能够培养团队成员的责任感和主动性,使每个人都能够积极参与团队的工作,为团队的成功贡献力量。

(三)社会责任感的培养

学生核心素养的发展对于促进社会责任感的培养具有深远影响。社会责任感是指个体对自己在社会中所扮演的角色和所承担的义务有清晰的认识,并愿意积极履行这些义务,为社会做出贡献。而学生核心素养的培养,正是为了使学生具备全面的能力和素质,更好地履行自己的社会责任。学生核心素养中的公民素养对社会责任感的培养至关重要。公民素养要求学生了解社会的基本价值观、道德规范和法律法规,并自觉遵守、践行这些规范。通过培养公民素养,学生能够明确自己在社会中的角色和责任,形成正确的价值观念和道德观念,从而更加自觉地履行自己的社会责任。学生核心素养中的团队协作能力也对社会责任感的培养起到积极作用。在团队中,学生需要与他人合作,共同完成任务,为团队的成功贡献力量。这种协作精神使学生更加懂得团结合作的重要性,明白个人的力量是有限的,只有与他人合作才能实现更大的目标。这种合作精神也能够延伸到社会生活中,使学生更加愿意为社会做出贡献,积极参与公益活动,帮助他人解决困难。此外,学生核心素养中的创新能力和批判性思维也对社会责任感的培养产生积极影响。具备这些素养的学生能够独立思考、勇于探索,发现社会中的问题并提出解决方案。他们不仅关注自己的利益,还关注社会的整体利益,愿意为社会的发展进步贡献自己的智慧和力量。

第三节　综合学习与学生核心素养发展的互动关系

一、综合学习与核心素养发展的内在联系

(一)知识与能力的融合

综合学习在促进学生核心素养发展方面具有深远影响,尤其体现在对跨学科知识整合和应用的重视上。这种学习方式不仅超越了单一学科的局限,而且鼓励学生将所学知识融会贯通,应用于真实问题的解决中。这种跨学科的学习方式为学生提供了更广阔的视野和更丰富的思考角度,有助于他们形成全面而深入的理解。在这样的学习环境中,学生的核心素养得到了有效的锻炼和提升。例如,综合学习要求学生运用多学科知识解决实际问题,这无疑激发了学生的创新思维。他们需要运用批判性思维,从不同角度分析问题,寻找解决方案。同时,学生在解决问题的过程中,需要搜集、整理、分析和应用信息,这极大地提升了他们的信息素养。此外,综合学习通常以小组合作的形式进行,这为学生提供了锻炼团队协作能力的机会。他们需要与团队成员有效沟通,协同工作,共同解决问题。这种学习方式不仅培养了学生的团队协作能力,还提升了他们的沟通能力和人际交往能力。更重要的是,综合学习使学生有机会将所学知识与现实生活紧密联系起来。他们可以将理论知识应用于实际,从而更深入地理解知识的意义和价值。

(二)实践与理论的结合

综合学习,作为一种独特的教育方法,其核心理念在于通过实践活动、项目学习等方式,将理论知识与实际应用相结合,让学生在“做中学”,从而深化理解,提高能力。这种学习方式不仅符合知识学习的规律,更与核心素养的培养紧密相连,为学生在实践中锻炼和提升自身能力提供了广阔的平台。在综合学习中,学生被赋予更多自主性,他们需要亲自动手,参与到实际问题的解决过程中。这样的学习方式不仅让学生感受到学习的乐趣,也让他们在解决问题的过程中,不断挑战自我,提升能力。实践活动和项目学习为学生提供了将理论知识应用于实际的机会,使他们在实践中加深对知识的理解,同时培养他们的实践能力和创新思维。与此同时,核心素养的培养也强调实践的重要性。核心素养,作为学生全面发展的基础,涵盖了诸如批判性思维、创新能力、团队协作、沟通能力等多方面的能力。这些能力的培养并非一蹴而就,而是需

要学生在实践中不断尝试、反思和改进。通过实践活动和项目学习,学生可以在真实的情境中,面对真实的问题,运用所学的知识和技能去寻求解决方案。在综合学习中,学生需要不断地进行反思和改进。这种反思不仅是对所学知识的回顾和总结,更是对自身学习方法和策略的审视和调整。通过反思,学生可以更加清晰地认识到自己的不足,从而有针对性地进行改进。这种自我调整和完善的过程,也是核心素养提升的重要体现。此外,综合学习还鼓励学生之间的合作与交流。在团队合作中,学生需要学会倾听他人的意见,尊重他人的观点,同时也要学会表达自己的看法和想法。

(三)全面性与个性化的统一

在当今教育背景下,综合学习已经成为一种趋势,它强调学生的全面发展,也注重学生的个性差异。综合学习不仅关注学生的知识储备,更重视学生的实践能力和创新精神。通过综合学习,学生可以更好地适应未来社会的发展需求,成为具备综合素质的人才。在传统的教学模式中,学生往往只是被动地接受知识,而综合学习则强调学生的主动参与和实践。在综合学习的过程中,学生需要运用多种知识和技能来解决问题,这不仅有助于提高学生的实践能力,还能够促进学生的全面发展。例如,在解决一个实际问题时,学生需要运用数学知识进行计算,也需要运用语文知识来表达解决方案。这样的学习过程不仅可以提高学生的学科素养,还能够培养学生的跨学科思维能力。每个学生都有自己的兴趣和特长,综合学习允许学生根据自己的兴趣和特长选择适合自己的学习路径。这种个性化的学习方式可以激发学生的学习兴趣和动力,提高他们的学习效果。同时,综合学习也关注学生的不同学习风格和认知特点,允许学生采用不同的学习方式和策略。这样的学习环境可以充分发挥每个学生的潜能,促进他们的个性发展。此外,综合学习有助于培养学生的自主学习能力和批判性思维。在综合学习的过程中,学生需要自主地选择学习内容和学习方式,这可以培养他们的自主学习能力。同时,综合学习也强调学生的思考和判断,要求他们在解决问题的过程中进行批判性思考。这样的学习过程可以培养学生的批判性思维,使他们能够更好地应对未来的挑战。通过综合学习,学生可以培养这些核心素养,为未来的生活和工作做好准备。例如,在综合学习的过程中,学生需要与他人合作解决问题,这可以培养他们的团队合作能力和沟通能力;同时,学生也需要进行创新思维和批判性思维,这可以培养他们的创新思维和批判性思维能力。

(四)学习与生活的互动

综合学习是一种注重学习与生活联系的教育方式,它鼓励学生将所学知识应用于实际生活中,以培养学生的社会责任感和公民素养。在这种学习模式下,学习不再是孤立于生活之外的抽象概念,而是与现实生活紧密相连的实践过程。学生通过亲身参与、动手实践,将所学知识转化为解决实际问题的能力,从而更好地适应社会、服务社会。在学习过程中,学生需要关注社会问题,思考如何运用所学知识来解决这些问题。通过参与公益活动、社会实践等活动,学生可以深入了解社会现状,增强对社会的认知和理解。这种学习方式让学生意识到自己的社会责任,激发他们为社会做出贡献的意愿。同时,学生在参与社会事务的过程中,也能逐渐培养出良好的公民素养,如遵守法律法规、尊重他人、关注公共利益等。在传统的教学模式中,学生往往只是被动地接受知识,缺乏实践和创新的机会。而综合学习则强调学生的主动性和实践性,鼓励学生将所学知识应用于实际生活中。在解决问题的过程中,学生需要动手实践、尝试创新,这不仅可以锻炼他们的实践能力,还能激发他们的创新思维。通过不断地实践和创新,学生可以逐渐掌握解决问题的策略和方法,提高自己的核心素养。此外,综合学习还能促进学生的全面发展。在综合学习的过程中,学生需要运用多种知识和技能来解决问题,这不仅有助于提高学生的学科素养,还能培养他们的跨学科思维能力。同时,综合学习也关注学生的情感态度和价值观的培养,让学生在解决问题的过程中学会尊重他人、关爱他人、关注社会等。这种全面的教育方式有助于培养学生的综合素质,使他们成为具备良好道德品质、较高文化素养和较强实践能力的人才。在快速发展的社会中,具备实践能力和创新精神的人才越来越受到重视。

二、综合学习与核心素养发展的相互依存与促进作用

(一)综合学习作为核心素养发展的催化剂

综合学习以其独特的跨学科、跨领域特性,为学生带来了前所未有的学习体验。这种学习模式不仅仅局限于传统的知识传授,更注重在解决实际问题中培养学生的各项核心素养。可以说,综合学习不仅是知识的积累过程,更是能力培养和个性发展的摇篮。在综合学习中,学生面对的问题常常是复杂且多元化的,需要他们调动多个学科的知识和方法来解决。这种跨学科的学习方式让学生意识到知识之间的联系和相互作用,从而培养了他们的综合思维能力和问题解决能力。例如,在解决一个环境问题时,学生不仅需要运用生物学知识来了解生态系统的运作,还需要运用数学和统计学知识来分析数据,甚至需要运用社会学知识来探讨问题的社会根源。这种综合性的学习过程不仅让学生获得了丰富的知识,更让他们学会了如何运用知识来解决实际问题。

除了知识的积累,综合学习更重视学生在解决问题过程中的思维锻炼和能力提升。在综合学习中,学生需要不断地进行批判性思考和创新尝试,这对他们的思维能力和创新精神都是极大的锻炼。通过不断地思考和创新,学生可以逐渐培养出敏锐的洞察力和独特的创造力,这对于他们未来的学习、工作和生活都是极为宝贵的财富。此外,综合学习还强调学生的团队协作能力。在解决问题的过程中,学生需要与他人合作,共同分担任务、交流想法、协调行动。

(二)核心素养对综合学习的支撑作用

在当今高度信息化和知识爆炸的时代,学生的核心素养在综合学习中发挥着至关重要的作用。这些核心素养不仅为学生的知识学习提供了坚实的基础,更为他们在面对复杂问题时提供了有力的支持和引导。具备核心素养的学生,能够在综合学习中更加游刃有余,从而更深入地理解和掌握知识,提升学习效果。自主学习能力是学生在综合学习中不可或缺的核心素养之一,在综合学习中,学生需要主动寻找、筛选和整合各种学习资源,以支持他们的学习过程。自主学习能力强的学生,能够根据自己的学习需求和兴趣,有效地选择适合自己的学习资源,并制订合理的学习计划。他们不仅能够在学习过程中自主发现问题、解决问题,还能够主动拓展学习领域,探索新的知识点。这种自主学习的方式,不仅提高了学生的学习效率,也培养了他们的独立性和创新精神。批判性思维是学生在综合学习中必须具备的核心素养之一,在综合学习中,学生需要面对各种复杂的问题和挑战,需要运用批判性思维来分析和解决问题。具备批判性思维的学生,能够独立思考、理性判断,不轻易接受他人的观点或信息。他们能够从多个角度审视问题,挖掘问题的本质和深层含义,提出具有创新性和可行性的解决方案。这种批判性思维的方式,不仅有助于学生在综合学习中取得更好的学习效果,也能够帮助他们在未来的学习和工作中更好地应对各种挑战和变化。在信息化社会中,信息素养已经成为衡量一个人综合素质的重要标准之一。具备信息素养的学生,能够熟练运用各种信息技术工具,获取、处理、分析和传播信息。他们能够在海量的信息中筛选出有价值的内容,为自己的学习和研究提供支持。同时,他们也注重信息安全和隐私保护,避免在使用信息技术过程中造成不必要的损失和风险。

(三)两者相互促进,共同提升

综合学习与核心素养之间的关系并非单向的,而是呈现出一种相互影响、相互促进的复杂互动。在这种良性的互动关系中,学生的综合学习与核心素养得到了同步的发展和提升,使得他们的学习效果和能力得到了显著的提高。

综合学习为学生提供了丰富多样的学习体验,这些体验不仅涉及知识的获取,更包括批判性思维、创新能力、团队协作等核心素养的培养。在综合学习的过程中,学生需要不断地思考、探索、实践,这些活动都极大地促进了他们核心素养的发展。例如,在解决一个实际问题时,学生需要运用批判性思维来分析问题的本质,运用创新能力来提出解决方案,还需要通过团队协作来共同完成任务。这些活动不仅锻炼了学生的能力,也让他们在实践中深化了对知识的理解。学生核心素养的提升又反过来促进了他们在综合学习中的表现。具备较强核心素养的学生,能够更好地适应综合学习的要求,更有效地利用各种学习资源,更深入地理解和掌握知识。他们在面对复杂问题时,能够更迅速地找到问题的关键所在,提出更具创新性和可行性的解决方案。同时,他们的团队协作能力和沟通能力也使得他们在团队中能够更好地发挥作用,促进团队的整体效能。这种良性的互动关系使得学生的学习效果和能力得到了双重的提升。在综合学习中,学生不仅能够获得丰富的知识,还能够培养各种核心素养,提升自己的综合素质。

(四)对学生未来发展的深远影响

综合学习与核心素养的相互依存与促进作用,对学生的未来发展产生了深远且积极的影响。在快速变化且充满挑战的未来社会中,这种结合的能力显得尤为重要。具备这两种能力的学生不仅具备扎实的知识基础,还展现出强大的实践能力和创新精神,使他们在未来的职业生涯中更具竞争力。综合学习使学生能够在学习过程中接触到多元化的知识和观点,培养了他们的跨学科思维和解决问题的能力。这种能力使他们能够更好地适应未来社会的多元化需求,不论是面对复杂的社会问题还是技术挑战,都能从多个角度进行分析和应对。核心素养,特别是创新精神和实践能力,是学生在未来社会中取得成功的关键。创新精神让学生不满足于现有的知识和技术,而是能够不断探索、尝试新的方法和策略。实践能力则使他们能够将理论知识与实际操作相结合,将创新想法转化为实际的成果。这种结合使得学生在未来的职业生涯中能够迅速适应变化,抓住机遇,成为行业的领军人物。此外,综合学习与核心素养的结合也培养了学生的团队协作和沟通能力。在未来的社会中,无论是科研、商业还是其他领域,团队合作都是不可或缺的一部分。学生通过综合学习,学会了如何与他人协作、沟通,共同解决问题。这种能力在未来的职业生涯中将为他们带来无数的合作机会和成功可能。具备这两种能力的学生还拥有更加广阔的视野和更加开放的心态。他们不仅关注自己的专业领域,还关注社会的整体发展和进步。

（五）教育实践与策略

为了更好地推动学生的综合学习与核心素养的同步发展,教育者需要精心设计并实施一系列的实践策略。这些策略旨在创造一个充满挑战与机遇的学习环境,让学生能够全面发展自己的知识、技能和态度。设计具有挑战性的学习任务至关重要,传统的、单调的学习任务往往无法激发学生的学习兴趣和动力。相反,具有挑战性的任务能够激发学生的学习兴趣,促使他们主动探索、思考和创新。这些任务应该跨学科、跨领域,涉及真实世界的问题和情境,以便学生能够综合运用所学知识解决实际问题。另外,提供多样化的学习资源也是关键,随着信息技术的发展,学习资源的获取变得越来越容易。教育者应该充分利用这一优势,为学生提供丰富多样的学习资源,包括图书、网络资源、实验设备、社会实践机会等。这样,学生就可以根据自己的兴趣和需求,选择适合自己的学习资源,进行深入学习。不仅如此,鼓励学生进行自主学习和协作学习同样重要。自主学习能够培养学生的独立思考能力和解决问题的能力,而协作学习则能够培养学生的团队协作能力和沟通能力。教育者应该为学生提供自主学习和协作学习的机会和平台,如在线学习平台、小组讨论、项目合作等,让学生在互动和合作中不断提升自己的能力。最后,注重评价与反馈是不可或缺的一环。教育者应该及时给予学生评价和反馈,让他们了解自己的学习进度和存在的问题。评价应该多元化、全面化,既注重知识掌握情况,又注重核心素养的发展情况。

第五章　综合学习策略在培养学生核心素养中的应用

第一节　跨学科整合教学

一、跨学科整合教学的核心理念

跨学科整合教学的核心理念在于它是一种打破传统学科之间的壁垒,将不同学科的知识和概念整合在一起,以促进学生全面发展和综合思维能力提升的教学方法。这种教学理念强调知识的交叉融合和创新思维的培养,旨在提升学生的综合素质和应对未来挑战的能力。传统的教学方式往往将各个学科孤立地教授,导致学生难以看到不同学科之间的联系。而跨学科整合教学则通过设计综合性的主题或项目,将不同学科的知识和概念整合在一起,让学生能够在学习过程中发现不同学科之间的共同点和联系,从而加深对知识的理解和掌握。在跨学科的学习中,学生需要运用不同学科的知识和思维方式来解决问题,这种跨学科的思维方式有助于激发学生的创新思维和创造力。同时,跨学科整合教学也鼓励学生进行自主学习和合作学习,培养他们的批判性思维和解决问题的能力,进一步促进创新思维的发展。通过整合不同学科的知识和概念,跨学科整合教学可以帮助学生获得更全面和综合的知识体系。同时,跨学科的学习也有助于培养学生的跨学科思维能力和综合素质,使他们更好地适应未来社会的多元化和快速变化。

二、跨学科整合教学的实施策略

(一)设计综合性学习任务

在教育领域中,设计具有挑战性和实践性的综合性学习任务已成为培养学生核心素养的核心策略。教育者深知,传统的教学方法往往使学生困于学科的孤岛,难以领略知识的交融之美。因此,打破学科壁垒,将知识整合到具有现实意义和深度的综合性任务中,成为培养全面发展人才的关键。综合性学习任务,首先,应当具有挑战性。这些任务不仅要求学生掌握现有的知识和技能,更要激发他们的探索欲望,促使他们走出舒适区,迎接未知的挑战。这样的挑战可以是来自真实世界的问题,也可以是与现实紧密相连的模拟场景。学生在解决问题的过程中,不仅能够锻炼自己的思维能力和实践能力,更能培养坚韧不拔的意志和勇于面对困难的精神。其次,这些任务应具备实践性。实践是检验真理的唯一标准,也是巩固和拓展知识的有效途径。教育者应鼓励学生将所学知识应用于实际,通过动手操作、亲身体验来深化对知识的理解。这样的实践可以是实验、调查、设计、制作等多种形式,旨在让学生在实际操作中感受知识的力量和魅力。此外,综合性学习任务应涵盖多个学科领域。这样的设计不仅能够让学生领略到知识的广博和深邃,更能培养他们的跨学科思维。学生需要综合运用数学、科学、语言、艺术等多个学科的知识和技能来解决问题,这种跨学科的思维方式将使他们更加全面和深入地理解问题,找到更加创新和有效的解决方案。在面对复杂问题时,学生需要运用创造性思维,从不同角度分析问题,提出新颖的解决方案。这样的过程不仅能够锻炼他们的思维能力,更能培养他们的自信心和成就感。

(二)促进自主学习和合作学习

在当今快速变化的社会中,学生的自主学习能力、合作能力以及批判性思维显得尤为重要。跨学科整合教学作为一种创新的教学方式,正日益受到教育者的重视。这种教学模式不仅强调学科知识的整合,更重视学生在学习过程中的主体地位,鼓励他们进行自主学习和合作学习。自主学习能力的培养,意味着学生需要主动探索、发现问题并寻求答案。在跨学科整合教学中,教育者会设计一系列具有启发性的学习任务,激发学生的好奇心和求知欲。通过引导学生独立阅读、研究、实践,教育者帮助他们建立起自我驱动的学习机制,促使他们在探索中不断成长。而合作学习则强调学生之间的互助与合作。在跨学科整合教学中,教育者经常组织小组讨论、项目合作等活动,为学生提供与同伴交流、协作的机会。在这样的学习环境中,学生不仅可以相互学习、取长补短,还能学会如何与他人沟通、协商和解决问题。这种合作式的学习方式不仅有助于培养学生的团队协作能力,还能促进他们的人际交往能力的发展。值得一提的是,跨学科整合教学在培养学生的批判性思维和独立思考能力方面也具有显著优势。在小组讨论和项目合作中,学生需要就某一问题或主题进行深入探讨,提出自己的见解和解决方案。这样的过程不仅能够锻炼他们的思维能力和表达能力,更能培养他们的批判性思维,使他们学会独立思考、评估信息并做出明智的决策。

(三)提供多样化的学习资源

为了有效地推进跨学科整合教学,教育者必须致力于提供多样化的学习资源,这些资源不仅要涵盖传统的图书和网络资源,还应包括实验设备、社会实践机会等。这些资源的整合和提供,对于支持学生的跨学科学习具有至关重要的意义,能够帮助学生更全面地了解不同学科领域的知识,并为他们在跨学科学习中提供必要的支持和辅助。图书和网络资源是学生学习的基础,教育者需要确保图书馆和网络平台上有丰富的跨学科资料,使学生能够轻松获取并整合来自不同学科领域的信息。这不仅能帮助学生建立起坚实的知识基础,还能培养他们的信息检索和筛选能力。实验设备是跨学科学习的重要工具,在理科领域,实验是验证理论、探索未知的重要手段。教育者应提供先进的实验设备,并鼓励学生跨学科使用这些设备。例如,生物学和化学实验可以相互借鉴,物理学和工程学实验也可以相互融合。这样的实验活动不仅能加深学生对知识的理解,还能培养他们的创新能力和实践能力。此外,社会实践机会是跨学科学习的延伸和拓展。教育者应积极为学生创造参与社会实践的机会,如社区服务、企业实习、项目研究等。这些实践活动能让学生将所学知识应用于实际,增强他们的社会责任感和团队协作能力。同时,社会实践也是学生了解社会、认识自我的重要途径,有助于培养他们的综合素质和人文素养。教育者还应注重资源的整合和优化,不同资源之间应相互补充、相互促进,形成一个有机整体。教育者可以通过开设跨学科课程、组织跨学科研究项目等方式,引导学生充分利用这些资源,促进他们的跨学科学习和发展。

(四)加强学科之间的教师合作

跨学科整合教学已成为当今教育界的热门话题,它旨在打破学科壁垒,将不同领域的知识进行有机融合,从而培养学生的综合素质和创新能力。然而,要实现这一目标,单凭一个教师或一个学科的力量是远远不够的。这就需要教师之间打破学科界限,加强沟通和合作,共同设计跨学科的教学计划和课程。在跨学科整合教学中,教师之间的合作显得尤为重要。不同学科的教师需要共同研究、探讨如何将各自领域的知识有机结合起来,形成一个完整的教学体系。这需要教师们放下身段,虚心倾听他人的意见和建议,共同探讨解决问题的方法。只有这样,才能确保跨学科教学的顺利进行。为了实现这一目标,教育者之间需要加强沟通和合作。他们可以定期召开教学研讨会,分享彼此的教学经验和教学资源,共同探讨跨学科教学的最佳实践。此外,教师还可以互相听课、评课,学习他人在教学中的优点和不足,从而不断完善自己的教学方法和策略。通过合作教学,教师可以相互学习、相互借鉴,共同提升教学质量和效果。这种合作不仅有助于培养学生的综合素质和创新能力,还能促进教师自身的专业成长。在合作中,教师可以不断拓宽自己的知识视野,提升跨学科的教学能力,从而为学生提供更加优质的教学服务。同时,跨学科整合教学也为教师提供了一个展示自己才华的平台。在这个平台上,教师可以充分发挥自己的特长和优势,将自己的教学理念和教学方法与其他教师分享。这种分享不仅可以促进教师之间的交流和学习,还能激发教师的创造力和创新精神。

(五)注重评价与反馈

跨学科整合教学是一种创新的教学方式,旨在培养学生的综合素质和创新能力。然而,要想确保这种教学的有效实施,教育者必须高度重视学生的评价和反馈。通过多元化的评价方式,教育者可以全面了解学生的学习情况和表现,进而为他们提供有针对性的反馈和指导,帮助他们更好地发展和成长。自我评价是一种重要的评价方式,通过引导学生对自己的学习进行反思和总结,教育者可以帮助他们认识到自己的优点和不足,从而制订更为合理的学习计划。同时,自我评价还可以培养学生的自主意识和责任感,使他们更加主动地参与到学习中来。同伴评价也是一种有效的评价方式,在同伴评价中,学生可以相互评价、相互学习,从而发现彼此之间的优点和不足。这种评价方式不仅可以提高学生的批判性思维能力和沟通能力,还能培养他们的团队协作精神和互助意识。此外,教师评价也是不可或缺的一环。作为教师,他们可以通过观察、测试、作业批改等方式,全面了解学生的学习情况和表现。在评价过程中,教师需要注意评价的客观性和公正性,确保评价结果能够真实反映学生的学习水平。除了采用多元化的评价方式,教育者还需要及时给予学生反馈和指导。这些反馈和指导应该具有针对性和实用性,能够帮助学生发现问题并进行改进。同时,教育者还需要注重与学生的沟通和交流,了解他们的学习需求和困惑,为他们提供更加个性化的教学服务。

三、实施跨学科整合教学的挑战与对策

(一)跨学科能力的挑战与对策

跨学科整合教学对教师的能力提出了前所未有的挑战。在这种教学模式下,教师不仅需要精通自己专业领域的知识,还需掌握跨学科的知识,并具备将不同学科知识有效整合的能力。这意味着教师需要跳出传统的学科界限,

以全新的视角去审视和教授知识。然而,现实中许多教师可能只擅长某一学科领域,对跨学科的知识和教学方法了解有限。这种局限性可能会成为实施跨学科整合教学的一大障碍。为了克服这一障碍,加强教师的跨学科培训显得尤为重要。通过培训,教师可以了解其他学科的基础知识、教学方法和研究动态,拓宽知识面,提升跨学科教学的能力。为了提升教师的跨学科教学能力,可以采取多种措施。首先,可以组织专门的跨学科培训课程,邀请其他学科的专家为教师授课,帮助他们了解相关学科的基础知识和前沿动态。其次,可以鼓励教师参加相关研讨会和进修课程,与同行交流学习,分享跨学科教学的经验和心得。此外,还可以建立跨学科教研组,为教师提供一个相互学习、共同研究的平台,促进教师之间的合作与交流。通过加强跨学科培训,教师可以逐渐提升自己的跨学科教学能力,更好地应对跨学科整合教学的挑战。

(二)教学资源的整合挑战与对策

跨学科整合教学在资源方面的挑战不容忽视。教学资源作为教学活动的基石,其整合与利用对于跨学科教学的成功至关重要。然而,现实中,这些资源的整合和利用却可能面临多方面的困难,其中资金和管理问题是两大主要障碍。资金是教学资源整合的首要难题。购买图书、网络资源、实验设备等都需要大量的资金投入。而跨学科整合教学所需的资源种类繁多,涉及多个学科领域,这使得资金的需求更加庞大。学校可能面临资金不足的困境,难以全面满足跨学科教学的需求。管理问题同样不容忽视。跨学科教学资源的整合需要建立一个统一的管理体系,以确保资源的合理分配和有效利用。然而,现实中往往存在管理混乱、资源分配不均等问题,导致资源的浪费和效率低下。为了解决这些问题,建立跨学科教学资源库是一个有效的解决方案。通过资源库的建设,可以将各类资源集中管理,方便教师快速获取所需资源。同时,资源库还可以实现资源的共享和互通,避免资源的重复建设和浪费。除了建立资源库外,加强与其他学校、机构的合作也是提升资源利用效率的重要途径。通过合作,可以实现资源的共享和互补,缓解资金压力,同时拓宽资源的来源和渠道。此外,优化教学资源的管理制度也是必不可少的。学校应建立科学、合理的管理制度,明确资源的分配和使用规则,确保资源的公平分配和有效利用。同时,还应加强对资源使用的监管和评估,及时发现和解决资源使用中的问题,确保资源的持续、健康发展。

(三)评价体系的挑战与对策

跨学科整合教学作为一种创新的教学模式,其评价体系的建立相较于传统教学评价更具挑战性。这种挑战主要源于跨学科整合教学的特性,它要求学生能够综合运用多学科的知识和技能,而这对评价标准和方法提出了更高的要求。跨学科整合教学的评价体系需要打破单一的评价标准,采用多元化的评价方式。传统的以笔试为主的评价方式很难全面评估学生在跨学科整合教学中的学习效果。因此,我们需要引入自我评价、同伴评价、教师评价等多种评价方式,从多个角度全面评估学生的学习情况和表现。这样不仅可以更全面地了解学生的学习状况,还可以促进学生的自我反思和同伴之间的交流与合作。建立及时的反馈机制是评价体系中不可或缺的一部分。学生需要及时了解自己的学习情况和存在的问题,以便进行及时的改进和调整。因此,教师应该定期给学生提供反馈,指出他们在学习中的优点和不足,并提供具体的建议和指导。同时,学生之间也可以相互提供反馈,相互学习和借鉴。评价体系的建立是一个动态的过程,需要根据教学实践和学生反馈进行不断的调整和完善。教师应该根据教学实践中的问题和不足,及时对评价体系进行反思和调整,以确保其科学性和有效性。同时,也应该鼓励学生提出自己的意见和建议,以便进一步完善评价体系。

(四)学科间沟通与协调的挑战与对策

跨学科整合教学作为现代教育的重要方向,对于培养学生的综合素质和创新能力具有重要意义。然而,在实施跨学科整合教学的过程中,不同学科之间的沟通与协调成为一项关键的挑战。由于各个学科领域的知识体系、研究方法和教学理念存在差异,这些壁垒可能妨碍教师之间的有效合作,从而影响跨学科整合教学的顺利推进。为了克服这一挑战,建立跨学科交流平台是至关重要的。这样的平台可以为不同学科的教师提供一个相互了解、交流经验和分享资源的空间。通过定期的跨学科交流活动,教师可以增进彼此的了解和信任,共同探讨跨学科教学的问题和解决方案。这种互动不仅有助于打破学科壁垒,还能激发教师的创新思维,推动跨学科整合教学的深入发展。除了建立跨学科交流平台外,学校还应该制定相关政策,鼓励教师之间进行跨学科合作。这些政策可以包括跨学科课题的申报和资助、跨学科教学成果的认定和奖励等。通过政策的引导和激励,教师可以更加积极地参与跨学科教学活动,形成跨学科的教学团队,共同开展教学研究和改革。此外,学校还可以采取其他措施来促进跨学科整合教学的发展。例如,可以设立跨学科课程,让学生在课程中学习不同学科的知识和方法;可以开展跨学科研究项目,让学生有机会亲身参与跨学科的研究和实践;还可以加强与其他学校、机构的合作,共同推进跨学科整合教学的创新和实践。

第二节　主题教学实践

一、主题教学实践的基本理念与实施原则

（一）主题教学实践的基本理念

1. 以学生为中心

主题教学实践强调学生的主体地位，要求教学活动的设计和实施始终以学生的需求、兴趣和发展作为出发点。在这一理念的指导下，教师必须深入了解每个学生的个体差异，包括他们的学习能力、兴趣爱好、发展潜能等，并尊重每个学生的独特个性。通过细致的观察和评估，教师能够为每个学生量身定制适合其发展的学习机会，确保他们在主题教学实践中能够获得最佳的学习体验和成长。这种个性化的教学方式不仅能够激发学生的学习兴趣和积极性，还能帮助他们充分发挥自己的潜能，实现全面发展。

2. 以主题为线索

主题教学实践以明确的主题为核心，这个主题来源广泛，可以是学科内某个具体知识点，或是涉及多学科的综合性问题，甚至是与现实生活紧密相连的实际问题。在选择主题时，教师注重主题的针对性，确保与教学内容和学生需求紧密相连，也强调主题的现实意义，让学生能够感受到学习与生活的紧密联系。此外，主题还应具有启发性，能够激发学生的好奇心和探索欲望，引导他们主动思考和解决问题。通过深入探究主题内容，学生能够将不同领域的知识进行有机融合，形成更为完整和系统的认知结构。这种教学方式不仅能够提升学生的知识掌握程度，更能够培养他们综合运用知识解决实际问题的能力，为他们的未来发展和终身学习奠定坚实基础。

3. 以实践为手段

主题教学实践特别注重学生的实践操作与亲身体验，坚信知识并非仅仅通过听讲或阅读就能完全获得，而是需要在实践中不断探索和验证。为此，教师必须精心设计各类实践活动，如实验操作、实地调查、手工制作等，以提供丰富的实践机会。在这些活动中，学生不仅能够亲身参与，还能在实践中主动发现问题、尝试解决问题。这种以实践为主导的学习方式，不仅有助于学生巩固理论知识，更能提升他们的动手能力和创新思维。通过不断实践操作，学生可以将所学知识与实际情境相结合，实现知识与技能的有机融合。这种教学模

式既增强了学生的学习动力,又提高了他们的学习效果,是培养学生综合素质和能力的有效途径。

4. 强调整体性和综合性

主题教学实践超越单一学科知识的传授,致力于学生综合能力、情感态度及价值观的全面培养。为实现这一目标,教师在教学过程中需要巧妙整合各类教育资源,打破学科壁垒,进行跨学科的教学设计。这种实践方式鼓励学生在探究主题时,不仅关注知识点本身,更要挖掘其背后的深层意义与实际应用。通过这一过程,学生不仅能够形成对知识的全面认知结构,还能在实践中锤炼综合能力,如批判性思维、团队协作、创新解决问题等。同时,学生在探究过程中会不断审视自己的情感态度与价值观,从而进行积极的自我调整与完善。这种全方位、立体化的教学模式,有助于学生在知识、能力、情感等多个层面实现全面提升,真正达到提高综合素养的教育目标。

5. 注重开放性和生成性

主题教学实践视教学为一个动态生成的过程,非僵化遵循预设步骤。在教学过程中,教师需敏锐观察学生的反应与表现,根据实际情况灵活调整教学策略和活动,确保教学内容紧密贴合学生的真实需求和兴趣所在。同时,该实践强调教学的开放性,鼓励学生自由发表观点、提出问题,并与师生共同探讨,营造多元化、互动性强的学习氛围。这种灵活性与开放性的结合,不仅有助于激发学生的学习兴趣和主动性,更能培养他们的批判性思维和创新能力。

(二) 主题教学实践的实施原则

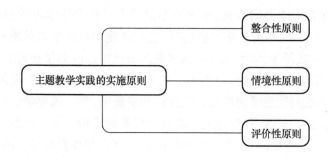

1. 整合性原则

主题教学实践致力于跨学科整合,将原本各自独立的学科知识、方法与技能巧妙地融合在一起,形成一个有机且富有活力的教学整体。为了实现这一目标,教师必须勇于打破传统的学科壁垒,积极探索并加强各学科之间的内在联系与沟通。通过设计综合性、实践性的教学任务,教师不仅能够激发学生的学习兴趣,还能引导他们在实际问题的解决过程中逐步掌握并运用相关知识和技能。这种教学方式有助于学生在探究与实践中形成全面而深入的认知结构,提升他们的综合素养与问题解决能力。同时,跨学科整合也是培养学生创新精神和批判性思维的重要途径,有助于他们在未来的学习和生活中更好地应对各种复杂挑战。因此,在主题教学实践中,教师应不断探索并优化跨学科整合的策略与方法,为学生的全面发展奠定坚实基础。

2. 情境性原则

主题教学实践特别注重创设真实、生动的教学情境,致力于将知识与实际生活紧密相连。在这样的教学模式下,学生不再是被动的知识接受者,而是置身于具体、生动的情境中主动学习和探究。通过将知识与实际情境相融合,学生不仅能够更深刻地理解知识的内涵和实际应用价值,还能在解决实际问题的过程中锻炼和提升自身能力。情境化教学的优势在于它能够极大地激发学生的学习兴趣和情感共鸣,使学生更加积极地投入到学习中去,从而增强学生的学习动力和自信心。当学生在实际情境中应用所学知识解决问题时,他们会感受到学习的成就感和乐趣,进而对学习产生更浓厚的兴趣和更持久的热情。因此,主题教学实践中的情境化教学是一种高效且富有创意的教学方法,值得广大教师深入研究和积极实践。

3. 合作性原则

主题教学实践积极倡导合作学习,强调学生之间的互助合作与交流分享。在这一理念指导下,教师应精心设计小组合作、角色扮演等多样化的教学活动,为学生搭建一个共同探究、解决问题的平台。在合作学习的过程中,学生不仅能够相互借鉴、取长补短,还能在思想的碰撞中激发新的灵感和创意。通过共同努力完成任务,学生可以深刻体会到团队协作的力量和重要性,从而培养他们的团队协作精神和沟通能力。此外,合作学习还为学生提供了一个展示自我、锻炼批判性思维的舞台。在讨论和交流中,学生需要学会倾听他人的观点、提出自己的见解,并对他人的观点进行客观评价。这一过程不仅有助于培养学生的批判性思维,还能激发他们的创新意识和探索精神。因此,主题教学实践中的合作学习是一种富有成效的教学方法,有助于促进学生的全面发展。

4. 评价性原则

主题教学实践特别注重多元评价,旨在通过多样化的评价方式和手段全面、深入地了解学生的学习情况和发展状况。除了传统的笔试、口试等评价方式,教师还应积极探索并应用表现性评价、过程性评价等新型评价方式。这些评价方式不仅能够更加全面、客观地反映学生在主题教学实践中的实际表现,还能帮助教师及时发现学生的优点和不足,从而进行有针对性的指导。同时,评价内容也应涵盖学生的知识掌握、技能运用、情感态度等多个方面,确保评价结果能够真实、准确地反映学生的整体发展情况。通过多元评价,教师可以及时获取学生的学习反馈,进而灵活调整教学策略和活动安排,以更好地满足学生的学习需求,促进他们的全面发展。这种以学生为中心、注重过程与结果并重的多元评价方式,不仅有助于提高教学效果和质量,更能为培养学生的综合素质和能力提供有力支持。

二、主题教学实践在核心素养培养中的具体应用

(一)问题导向的学习与思维素养培养

主题教学实践以问题为核心导向,致力于激发学生的自主思考和解决问题的能力。在这一框架下,教师鼓励学生勇敢地提出问题,并尝试自主寻找答案。这一过程不仅教会了学生如何有效地提出问题、有条理地分析问题,更重要的是,它培养了学生的问题解决思维。这种思维方式强调逻辑性、批判性和创新性,是学生核心素养中不可或缺的一部分。以"城市化进程中的挑战"这一主题为例,教师可以设计一系列活动,引导学生深入探究城市化的各个方面。学生需要走出课堂,进行实地调研,收集第一手资料,了解城市化所带来的种种问题,如环境污染、交通拥堵、住房紧张等。接着,他们会在小组内展开讨论,分析这些问题的成因和影响,并提出可能的解决方案。这样的学习方式让学生真切地感受到城市化带来的挑战,也让他们学会了如何以理性的眼光看待社会现象,如何批判性地思考问题。在这个过程中,学生的社会认知能力得到了显著提升。他们不仅了解了城市化的基本知识,还对社会问题有了更深入的理解。同时,他们的思维素养也得到了全面锻炼。从提出问题到分析问题,再到解决问题,每一步都需要学生运用逻辑思维、批判性思维和创新思维。这样的思维方式不仅有助于学生在学术上取得更好的成绩,更将对他们未来的生活和职业发展产生深远影响。因此,主题教学实践不仅是一种有效的教学方法,更是一种有力的核心素养培养途径。它让学生在真实、复杂的问题情境中学习,培养了他们的理性思维、批判性思维等核心素养,为他们的全面发展奠定了坚实基础。

(二)跨学科整合与知识应用素养培养

主题教学实践在近年来受到广泛重视,它打破了传统学科之间的壁垒,强

调跨学科的深度整合。在这一理念下,不同学科的知识、方法和技能被巧妙地融合在一起,形成了一种富有创意和活力的教学模式。这种整合性教学不仅让学生在学习过程中感受到知识的连贯性和整体性,还有助于他们在实际情境中灵活运用所学,实现知识与技能的有机转化。以"可持续发展"这一主题为例,教师可以巧妙地将地理、历史、科学等多个学科的知识融合在一起,为学生呈现一个多维度、全景式的认知框架。在地理学科中,学生可以了解到可持续发展的空间布局、资源分布以及地理环境对人类活动的影响;在历史学科中,他们可以追溯可持续发展的历史渊源,了解不同时期、不同文化背景下人类对可持续发展的认识和实践;在科学学科中,学生则可以深入学习可持续发展的科技支撑、生态系统保护以及环境污染治理等关键领域。通过这种跨学科的学习,学生能够更加深入地理解可持续发展的内涵和实践路径。他们不仅掌握了相关的知识,还学会了如何从不同角度、不同层面去分析和解决问题。这种全面的认知结构和灵活的知识应用能力,正是核心素养培养中所追求的重要目标。值得一提的是,主题教学实践中的跨学科整合并不是简单的知识堆砌或拼接,而是需要教师进行精心的设计和组织。教师需要深入挖掘不同学科之间的内在联系,找到它们的结合点和切入点,进而构建出一个完整、系统的主题教学框架。同时,教师还需要根据学生的认知特点和学习需求,选择合适的教学方法和手段,确保学生能够在轻松愉悦的氛围中高效地学习。

(三)合作交流与团队协作素养培养

主题教学实践中的小组合作与角色扮演等活动,为学生打造了一个生动且富有挑战性的学习环境。在这些精心设计的活动中,学生不再是被动的接受者,而是积极的参与者与创造者。他们需要相互协作,共同探讨,为了共同的目标而努力。这样的过程不仅让学生收获了知识,更重要的是,他们在其中培养了团队协作精神和沟通能力。以"社区环境改善"这一主题活动为例,学生可以深入社区中,进行实地的调研和考察。他们需要观察社区的环境状况,了解存在的问题,并思考可能的解决方案。在这个过程中,小组内的每个成员都有自己的角色和任务,他们需要相互支持,共同克服遇到的困难。当调研完成后,学生们会回到课堂,与其他的小组分享他们的发现和思考。这时,角色扮演活动就派上了用场。学生们可以模拟社区中的不同角色,如居民、环保工作者、政府官员等,从不同的角度出发,讨论环境改善的方案。这样的讨论往往热烈而深入,每个学生都有机会发表自己的观点,也有机会听取他人的意见。在活动的最后阶段,学生们会整合他们的调研结果和讨论内容,制定出一份具体的社区环境改善方案。这份方案不仅体现了学生们的智慧和创意,更是他们团队协作的成果。当他们在班级中展示这份方案时,每个人的脸上都洋溢着自豪和喜悦。通过这样的主题教学实践,学生们的实践能力得到了极大的锻炼。他们学会了如何观察问题、分析问题、解决问题。同时,他们的团队协作素养也得到了显著的提升。他们学会了如何与他人合作、如何分工协作、如何为了共同的目标而努力。这些经验和技能将对他们未来的学习和生活产生深远的影响。

(四)社会责任与公民意识素养培养

通过参与主题教学实践中的社会服务与公益活动,学生得以身临其境地感受社会的脉搏,理解自身在其中所扮演的角色。这种实践性的学习方式,远远超越了传统课堂所能给予的知识与技能,它让学生在实际行动中认识到自己的社会责任,进而培养他们的公民意识。以"环保公益行动"为例,当教师将学生带入这一实践活动中,他们不再仅仅是环保知识的接受者,更成为环保行动的倡导者和执行者。在环保宣传中,学生们需要思考如何有效地传递环保理念,让更多的人认识到保护环境的重要性。在垃圾分类的环节中,他们更是需要亲身实践,了解不同垃圾的分类标准和处理方式,确保每一类垃圾都能得到妥善的处理。这样的体验让学生们更加深刻地认识到,环保不仅仅是政府和专家的责任,更是每一个公民的义务。他们在活动中不仅学习了环保知识,更重要的是,他们体会到了作为公民在环保事业中所能发挥的作用。这种责任感和使命感会激发他们在日常生活中更加关注环保问题,积极参与环保行动。此外,参与社会服务与公益活动还有助于培养学生的同理心和关爱他人的品质。在活动中,学生们会接触到不同的人群,了解到他们的需求和困难。这种经历会让他们更加珍惜自己所拥有的,也更加愿意伸出援手去帮助那些需要帮助的人。主题教学实践中的社会服务与公益活动是一种非常有效的教育方式。它不仅能够让学生在实际行动中学习到知识和技能,更重要的是,它能够培养学生的社会责任感和公民意识。这种责任感和意识会伴随学生一生,成为他们参与社会、贡献社会的重要动力。

(五)情感态度与价值观素养培养

主题教学实践深知情感体验与价值观塑造对学生成长的重要性,因此在这一理念指导下,教学活动不再仅仅关注知识的传递,而更加注重学生的内心感受和价值观念的培育。通过参与各类主题活动,学生有机会深入挖掘自己的内心世界,探索个人的兴趣爱好,进而明确自己的人生观、价值观。在"文化传承与创新"这一主题下,学生被引领进入了一个丰富多彩的文化世界。他们不仅有机会深入了解传统文化的深厚底蕴,感受其中蕴含的智慧与美感,还能在参与文化创新活动中体验到文化的生命力和创造力。这样的学习过程,不仅让学生对文化产生了浓厚的兴趣,更激发了他们对文化的热爱与尊重。在了解传统文化的过程中,学生们可能会通过实地考察、文献研究、艺术欣赏等方式,全方位地感知文化的魅力。他们可能会被古老的故事深深吸引,为传统的工艺所折服,或者被某种艺术形式深深打动。这些体验都将成为他们人生中宝贵的财富,丰富他们的情感体验。而在参与文化创新活动中,学生们则需要运用自己的想象力和创造力,为传统文化注入新的活力。他们可能会尝试用现代的方式重新解读古老的故事,或者将传统的工艺与现代科技相结合,创造出新的艺术品。这样的过程不仅锻炼了学生的创新能力,更让他们体会到了文化创新的乐趣和意义。更为重要的是,通过这些活动,学生们开始更加关注自己的内心世界,思考自己的人生追求。他们开始明白,文化不仅仅是一种外在的表现形式,更是一种内在的精神追求。他们开始学会尊重不同的文化,理解文化的多样性,进而形成更加开放、包容的价值观念。

第三节　项目式学习

一、项目式学习在教育实践中的应用

(一)跨学科项目学习

为了解决实际问题,学生需要综合运用多学科知识,这一理念在项目式学习中得到了完美体现。以科学课程中的环保项目为例,学生可以围绕这一主题,融合科学、地理、语文等多个学科的知识,开展深入的探究与实践。在这个过程中,学生首先要运用科学知识,了解环境污染的来源、危害以及治理方法。他们通过实验、观察等方式,探究不同污染物对环境和生物的影响,以及如何通过科学手段减少或消除这些影响。同时,他们还需要运用地理知识,分析污染物的扩散路径和影响因素,了解不同地域的环境特点和保护需求。此外,语文学科的加入使得项目学习更加生动有趣。学生可以通过撰写环保倡议书、制作环保宣传海报等方式,提高自己的语言表达和审美能力。他们还可以阅读相关的环保文章、报道或小说,了解不同文化背景下的环保观念和行动,从而加深对环保问题的认识和理解。这种跨学科的项目学习不仅提高了学生对知识的理解和应用能力,更重要的是培养了他们的跨学科思维和解决问题的能力。在面对复杂的实际问题时,学生能够打破学科壁垒,灵活运用所学知识,从多个角度进行分析和思考。他们学会了如何将理论知识与实践相结合,如何在探究过程中发现问题、分析问题并解决问题。通过跨学科的项目学习,学生不仅掌握了相关的知识和技能,还培养了创新精神、批判性思维、团队协作等核心素养。

(二)基于真实情境的项目学习

项目式学习强调在真实情境中发现问题、分析问题并解决问题,这一理念对于培养学生的核心素养和综合素质具有重要意义。为了实现这一目标,教师可以引导学生选择具有现实意义和挑战性的项目主题,让学生在实践活动中深入探究、亲身体验,从而掌握知识和技能,同时培养他们的社会责任感和公民意识。社区服务是一个典型的项目主题,通过参与社区服务,学生可以更加深入地了解社区的需求和问题,发现社区中存在的不足和困难。在此基础上,学生可以运用所学知识和技能,提出切实可行的解决方案,为社区的发展和改进贡献自己的力量。例如,学生可以组织一次垃圾分类宣传活动,通过制作宣传海报、发放宣传手册等方式,向社区居民普及垃圾分类的知识和方法,增强他们的环保意识和行动能力。在这个过程中,学生不仅需要掌握垃圾分类的相关知识,还需要学会如何与社区居民沟通交流、如何组织和管理活动,从而培养了他们的团队协作、沟通表达和组织管理能力。环境保护也是一个具有挑战性的项目主题。随着环境问题的日益严峻,环境保护已经成为全社会共同关注的话题。通过参与环境保护项目,学生可以更加深入地了解环境问题的成因和危害,探究环境保护的方法和途径。例如,学生可以开展一次校园节能减排行动,通过调查校园能源消耗情况、制定节能减排方案、宣传推广等方式,减少校园能源的浪费和排放,提高校园的环保水平和可持续发展能力。在这个过程中,学生需要运用所学知识和技能,分析校园能源消耗的结构和特点,提出针对性的节能减排措施和方案,并付诸实践。同时,他们还需要与校园管理部门、师生等各方进行沟通和协调,以确保行动的顺利实施和取得实效。

(三)自主探究与合作学习相结合

在项目式学习中,学生被赋予了更大的自主权和责任,他们既需要独立思考、自主探究,又需要与团队成员紧密合作、共同完成任务。这种学习方式不仅培养了学生的自主学习能力和团队协作能力,还使他们能够更好地适应未来的学习和工作环境。独立思考和自主探究是项目式学习的核心要素之一。

在项目式学习中,学生不再是被动地接受知识,而是需要主动地探究问题、寻找解决方案。他们需要运用已有的知识和经验,对新的信息和情境进行分析、判断和推理,以形成自己的见解和决策。这种学习方式要求学生具有独立思考和自主探究的能力,能够主动地发现问题、提出问题并解决问题。通过不断地独立思考和自主探究,学生的自主学习能力得到了显著的提升,他们学会了如何学习、如何获取新知识,为未来的终身学习奠定了坚实的基础。与团队成员紧密合作、共同完成任务也是项目式学习的重要特征之一。在项目式学习中,学生通常需要以小组的形式进行合作学习,共同完成任务。他们需要相互协作、分享资源、沟通交流,以达成共同的目标。这种学习方式要求学生具有良好的团队协作能力和沟通能力,能够与不同背景、不同能力的人合作,共同解决问题。通过不断地与团队成员紧密合作,学生的团队协作能力得到了显著的提升,他们学会了如何与他人合作、如何分工协作、如何有效地解决冲突,为未来的团队合作和工作环境做好了充分的准备。项目式学习中的独立思考、自主探究与团队合作并不是孤立的,而是相互依存、相互促进的。在独立思考和自主探究的基础上,学生能够更好地理解问题、分析问题,为团队合作提供有力的支持;而在团队合作中,学生又能够相互学习、相互启发,共同探究问题的解决方案。

(四)教师角色的转变

在项目式学习中,教师的角色发生了显著的变化,他们不再是单纯的知识传授者,而是转变为学生学习的引导者和合作伙伴。这种转变不仅是对传统教育模式的挑战,更是对教师职业素养和教育理念的新要求。作为引导者,教师需要关注学生的学习过程,而非仅仅关注学习结果。他们要密切观察学生在项目探究中的表现,了解他们的思考方式、学习方法和遇到的困难。在此基础上,教师需要提供必要的指导和支持,帮助学生明确探究方向,解决遇到的问题,引导他们深入探究、拓展思维。这种指导并非直接给出答案,而是提供思路、方法和资源,让学生在教师的引导下自主探究、发现知识。同时,教师还需要作为学生的合作伙伴,与他们共同探究问题、寻找解决方案。在项目式学习中,教师和学生是平等的参与者,他们需要相互尊重、相互学习、相互启发。教师需要鼓励学生大胆尝试、勇于创新,即使他们的想法和方法可能不够成熟或完善。这种鼓励和支持能够激发学生的学习兴趣和积极性,让他们更加自信、勇敢地面对挑战。这种教师角色的转变有助于建立新型的师生关系。在传统的教育模式中,教师是权威的代表,学生是被动的接受者。而在项目式学习中,教师和学生是平等的合作者,他们共同探究问题、分享知识、创造新的成果。这种新型的师生关系更加民主、平等、和谐,有利于提高学生的学习兴趣和积极性,促进他们的全面发展。此外,教师角色的转变也对教师提出了更高的要求。他们需要不断更新教育观念,提高专业素养,掌握新的教学方法和技能。他们需要学会倾听学生的声音,理解他们的需求,为他们提供个性化的指导和支持。

(五)多样化的评价方式

项目式学习注重学生的全面发展,因此在评价学生的学习成果时,我们不能再仅仅依赖于传统的笔试和作业评价,而是需要采用更为多样化的评价方式。这些新的评价方式,如表现性评价和过程性评价,能够更全面地评估学生在项目学习中的表现和成果,从而更真实地反映他们的学习情况。表现性评价关注学生的实际操作和表现,而非仅仅是对知识的记忆和理解。在项目式学习中,学生需要通过实际操作来完成项目任务,这些操作过程能够直接体现学生的知识运用、问题解决和创新能力。因此,通过表现性评价,教师可以直观地看到学生在项目学习中的实际表现,了解他们在实际操作中的优点和不足,从而为他们提供更为具体的反馈和指导。过程性评价则注重学生在学习过程中的表现和努力。与传统的结果导向评价不同,过程性评价更加关注学生的学习态度、合作精神和创新能力等方面的表现。在项目式学习中,学生需要经历一系列的学习过程,包括问题定义、方案设计、实验探究、数据分析等。这些过程不仅需要学生具备扎实的知识基础,更需要他们具备积极的学习态度、良好的合作精神和创新能力。通过过程性评价,教师可以全面了解学生在项目学习过程中的表现和努力,肯定他们的付出和进步,同时指出他们在学习过程中需要改进的地方。

二、项目式学习对学生核心素养发展的机制

(一)真实情景中的问题解决与知识应用

项目式学习能够使学生将所学知识与实际生活紧密联系起来,极大地提高了他们的知识应用能力和问题解决能力。在项目式学习的过程中,学生不再是被动地接受知识,而是需要主动地发现、分析和解决问题。面对实际问题时,他们需要独立思考、自主探究,寻找合适的解决方案。这一过程不仅是对学生思维能力的锻炼,更是对他们实践能力和创新精神的培养。学生需要运用所学知识去分析实际问题,提出解决方案,并通过实践去验证方案的可行性。这样的学习过程使学生能够更加深入地理解知识,也能够培养他们的实

践能力和创新精神。项目式学习的真实情境性使得学习变得更加有趣和有意义。学生能够在解决实际问题的过程中感受到学习的乐趣和价值,从而更加积极地投入学习中去。这种学习方式不仅能够激发学生的学习兴趣和积极性,还能够提高他们的学习效果和核心素养水平。

(二)多样化的评价方式促进学生的全面发展

为了更好地评估学生在项目学习中的全面表现,表现性评价、过程性评价等新型评价方式被广泛引入。这些评价方式不仅能够更加真实地反映学生的学习情况,还能够为他们的进一步发展提供有针对性的指导。表现性评价关注学生的实际操作和表现,通过观察学生在完成项目过程中的实际操作、作品成果、口头表述等方式来评估他们的知识掌握和运用情况。这种评价方式能够直接体现学生的知识应用、问题解决和创新能力,使教师能够直观地看到学生在项目学习中的实际表现,了解他们的优点和不足。过程性评价则更加注重学生在学习过程中的表现和努力。它关注学生的学习态度、合作精神、创新能力以及在学习过程中取得的进步和付出的努力。通过记录学生的学习过程、参与程度、讨论交流等方面的情况,教师可以全面了解学生在项目学习过程中的真实表现,从而给予他们更加客观公正的评价。

(三)教师角色的转变与学生学习方式的革新

在项目式学习中,教师的角色经历了深刻的转变,他们不再是传统意义上的单纯知识传授者,而是转型成为学生学习过程中的重要引导者和合作伙伴。这一变化标志着教育领域的进步与创新,为建立新型的师生关系奠定了坚实的基础,极大地增强了学生的学习兴趣和积极性。在这种学习模式下,教师的职责不再局限于单纯的知识灌输,而是拓展到关注学生的学习过程、提供必要的指导和支持,以及鼓励学生大胆尝试和勇于创新。教师需要具备更高的专业素养和教育智慧,以更加灵活多样的方式引导学生探索知识、解决问题。他们不再是高高在上的权威,而是与学生并肩作战的伙伴,共同面对学习中的挑战和困难。这种转变不仅有助于提升教师的教学效果,更重要的是,它有助于培养学生的自主学习能力和创新思维能力。在项目式学习中,学生被赋予了更多的自主权和责任,他们需要独立思考、自主探究,寻找解决问题的策略和方法。而教师则通过提供适时的指导和支持,帮助学生克服困难、拓展思路,激发他们的创新精神和求知欲。同时,学生的学习方式也发生了显著的变化。他们不再是被动地接受知识,而是转变为主动探究和合作学习。

(四)团队合作与沟通交流中的共同成长

项目式学习强调团队合作和沟通交流,为学生提供了一个富有挑战性和协作性的学习环境。在这一模式中,学生不再单打独斗,而是需要与团队成员紧密合作,共同面对问题,探讨解决方案,并携手完成任务。这种学习方式不仅锻炼了学生的个人能力,更重要的是培养了他们的团队协作能力和沟通能力,为他们未来步入社会、适应复杂多变的学习和工作环境打下了坚实的基础。在项目式学习的团队合作中,每个学生都扮演着不可或缺的角色。他们需要学会倾听、理解并尊重他人的观点,也要勇于表达自己的想法和见解。通过不断地沟通交流,学生之间的思想得以碰撞和交融,从而激发出新的灵感和创意。这种相互学习、相互启发的过程,不仅拓宽了学生的思维视野和认知深度,还锻炼了他们的批判性思维和解决问题的能力。此外,项目式学习中的团队合作还有助于培养学生的责任感和使命感。当面对团队任务时,每个学生都能深刻体会到自己的参与和贡献对于整个团队的重要性。他们需要承担起自己的责任,为团队的共同目标而努力。这种责任感和使命感不仅增强了学生的团队凝聚力,还提升了他们的自我认同感和价值感。值得一提的是,项目式学习中的团队合作和沟通交流并不是一帆风顺的。在合作过程中,学生可能会遇到各种困难和挑战,如意见不合、分工不均等。

第六章　从传统文化中发掘核心素养

第一节　我国传统教育中人才培养的主要要求

一、人才培养的主要要求

(一)伦理道德教育

我国传统教育非常注重伦理道德教育,这不仅是其最突出的特点,更是整个教育体系的基石和核心。从古至今,伦理道德一直被视为教育的重中之重,贯穿于学生的整个学习生涯。传统教育强调的"父子有亲,君臣有义,夫妇有别,长幼有序,朋友有信"等伦理关系,不仅仅是一种社会规范,更是对个人道德品质的深刻要求。在这种教育理念的指导下,学生被要求具备仁爱、正义、礼貌、谦逊等道德品质。仁爱之心是人与人之间和谐相处的基础,它要求学生懂得关爱他人、尊重生命,具有同情心和宽容心。正义感则是社会公正的保障,它要求学生能够明辨是非,坚持原则,勇于维护正义。礼貌和谦逊则是个人修养的体现,它们要求学生注重言谈举止,待人接物要得体合宜,不骄不躁,保持一颗谦逊的心。传统教育对伦理道德教育的重视,不仅体现在课堂教学上,更贯穿于学生的日常生活中。在家庭教育中,父母会教导子女如何尊敬长辈、关爱晚辈、和睦相处;在学校教育中,老师会以身作则,通过言传身教来引导学生形成良好的道德品质;在社会教育中,各种礼仪规范、道德准则更是无处不在,时刻提醒着人们要恪守道德底线,保持良好的道德品质。这种注重伦理道德教育的传统教育模式,对于培养学生的综合素质和人格魅力具有重要意义。一个具备仁爱、正义、礼貌、谦逊等道德品质的人,必然能够在社会中赢得他人的尊重和信任,成为社会的栋梁之材。同时,这种教育模式也有助于传承和弘扬中华民族的优秀传统文化,让后人能够继续发扬光大。

(二)经史文学教育

经史文学教育在传统教育中占据着举足轻重的地位,是学生接触和理解传统文化的重要途径。儒家经典著作,如《四书五经》等,不仅是学习的重点,更是塑造学生思想观念的基石。通过学习这些经典,学生能够深入了解儒家的道德观念和处世哲学,从而对自己的行为和思想产生积极的影响。同时,历史和文学方面的知识也是经史文学教育中不可或缺的部分。通过学习历史,学生能够了解中华民族的悠久历史和灿烂文化,认识历史上的杰出人物和伟大事迹,从而培养自己的民族自豪感和历史责任感。而文学的学习则能够提升学生的审美能力和语言表达能力,使他们在欣赏文学作品的过程中感受到美的熏陶和情感的共鸣。经史文学教育的价值不仅在于知识的传授,更在于对学生综合素质的培养。通过学习经史文学,学生能够提升自己的文化素养,形成正确的价值观念和道德标准,为将来的生活和工作打下坚实的基础。此外,经史文学教育还能够培养学生的思辨能力和创新精神,使他们在面对复杂多变的社会环境时能够保持清醒的头脑和独立的思考。

(三)知识技能教育

传统教育在知识技能教育方面同样表现出深厚的底蕴和全面的规划。除了对学生基本读写能力的严谨要求,更涵盖了算术、天文、地理、音乐、绘画等广泛领域的知识传授与技能培养。这种全方位的教育模式不仅为学生的个人成长提供了丰富的土壤,更为他们未来职业生涯的多样性和可能性奠定了坚实的基础。在算术方面,传统教育通过一系列精心设计的课程和实践,培养学生的逻辑思维、数值计算和问题解决能力。这些技能不仅在日常生活中有着广泛的应用,也是学生未来从事科学研究、工程技术等职业不可或缺的基础。天文和地理的学习则带领学生跨越时空,探索宇宙的奥秘和地球的多样性。通过对星辰运行、地貌气候等自然现象的深入了解,学生不仅拓宽了视野,更激发了探索未知的热情和好奇心。这些知识和体验将成为学生未来从事科研、教育、旅游等领域职业的宝贵财富。音乐和绘画作为艺术教育的代表,在传统教育中同样占据一席之地。通过音乐的学习和演奏,学生不仅培养了音感和节奏感,更在音乐的熏陶中提升了审美能力和创造力。绘画则让学生通过色彩和线条的表达,培养观察力、想象力和手眼协调能力。这些艺术素养不仅丰富了学生的精神世界,也为他们未来从事设计、艺术、传媒等职业提供了灵感和创意。综合来看,传统教育在知识技能教育方面的注重体现了其全面性和前瞻性的教育理念。它不仅关注学生的基本素质培养,更致力于为他们构建一个多元化、复合型的知识技能体系。

(四)实践能力培养

传统教育始终坚信,实践是检验真理的唯一标准,也是培养学生全面能力的关键环节。因此,在传统教育的理念中,实践能力的培养被赋予了极高的地位。为了实现这一目标,传统教育鼓励学生走出课堂,深入田间地头、工坊市集,亲身参与农业生产、手工制作、商业贸易等实践活动。在这些实践活动中,学生需要亲自动手,将所学知识应用于实际情境中。无论是耕种作物、制作工艺品,还是买卖商品,每一个环节都要求学生细致观察、认真思考、灵活应对。这样的过程不仅有助于学生掌握实际技能,更在潜移默化中培养了他们的实践能力和动手能力。这些能力是学生未来立足社会、服务社会的重要基础。同时,传统教育也深知团队协作的重要性。在实践活动中,学生往往需要与同伴一起合作,共同完成任务。在这个过程中,他们学会了如何与他人沟通、如何分工协作、如何解决问题。这种团队协作的精神不仅有助于活动的顺利进行,更为学生未来的人际交往和职业发展打下了坚实的基础。此外,创新能力的培养也是传统教育所追求的目标之一。在实践活动中,学生时常会面临新的问题和挑战。

(五)身心健康教育

身心健康教育在传统教育中占据着举足轻重的地位。它不仅仅是一种知识的传授,更是一种生活方式的传承和塑造。传统教育注重"修身齐家治国平天下"的理念,认为个人的身心健康是实现这一宏伟目标的基础和前提。在传统教育的视野中,身心健康教育并非孤立存在的,而是与日常生活紧密相连。学生被教导要学习养生之道,了解如何合理地安排饮食、作息,以及进行适当的体育锻炼。这些看似简单的日常习惯,实则蕴含着深厚的养生智慧,是保持身体健康的基石。除了身体健康,心理健康同样不容忽视。传统教育强调内心的平和与宁静,鼓励学生培养坚韧不拔的意志和乐观向上的心态。在面对生活中的挫折和困难时,学生能够以积极的心态去应对,保持心理平衡,从而实现身心的和谐发展。这种对身心健康的重视,不仅体现在日常生活的点滴之中,更贯穿于传统教育的始终。在教育内容上,传统教育注重传授养生知识、心理健康理念以及相关的实践技能。在教育方式上,则强调言传身教、因材施教,以及通过实践活动来加深学生对身心健康教育的理解和体验。传统教育之所以如此重视身心健康教育,是因为它深知身心健康对于个人发展的重要性。一个身心健康的人,才能有足够的精力和热情去投入到学习、工作和生活中,才能为社会做出更大的贡献。同时,身心健康也是个人幸福感的重要来源,是人们追求美好生活的重要基础。

(六)综合素质培养

除了之前所提及的方面,传统教育还深深地植根于对学生综合素质培养的重视之中。它明白,教育不仅仅是知识的传授,更是一种全面能力的培养,这种培养旨在使学生能够更好地应对日新月异的社会变革,成为真正有用之才。在思维能力方面,传统教育注重培养学生的逻辑思维、辩证思维以及创造性思维。通过经典文献的学习、复杂问题的探讨以及实际问题的解决,学生被引导着去深入思考、独立分析,从而锻炼出敏锐的思维能力和判断力。创新能力也是传统教育所看重的。它鼓励学生勇于尝试、敢于创新,不满足于现有的知识和方法,而是努力寻求新的突破和可能性。在这种教育氛围下,学生的创新精神和创新能力得到了充分的激发和培养,为未来的创新活动和创新思维提供了坚实的基础。人际交往能力的培养在传统教育中同样占据着重要的地位。它注重培养学生的沟通技巧、团队协作能力以及跨文化交流能力,使学生能够在多元的社会环境中自如地与他人交往、合作,建立起广泛的人际关系网络。

二、我国传统教育人才培养模式的现代价值

(一)强调德育为先

传统教育一直将德育作为培养学生的重中之重,坚信道德品质是一个人成长成才的根基,也是其未来在社会中稳固立足的保障。即便在现代社会,科技和知识的重要性日益凸显,成为推动社会进步和发展的强大动力,但道德品质仍然占据着无可替代的地位。一个人的道德品质,不仅关乎其个人的成就和幸福,更关系到整个社会的和谐、稳定和繁荣。在科技迅猛发展的今天,人们享受着前所未有的便利和快捷,但与此同时,也面临着道德伦理方面的严峻挑战。诸如诚信缺失、道德沦丧等问题不时浮现,给社会带来了诸多负面影响。这些问题的出现,从某种程度上反映了现代教育中德育的缺失或不足。因此,传统教育中的德育理念对现代教育而言,具有极其重要的借鉴意义。传统教育注重从小培养学生的道德观念和行为习惯,通过言传身教、故事启迪等方式,将诚信、善良、勇敢、宽容等优秀品质深深烙印在学生心中。这些品质不仅是学生个人成长的宝贵财富,更是他们未来在社会中立足的坚实基础。借鉴传统教育中的德育理念,现代教育应该更加注重学生的道德品质培养。

(二)注重知识与实践相结合

传统教育深知知识的传授只是教育的一部分,更为关键的是将知识与实践紧密结合,让学生在学习的过程中不断锻炼其实践能力和动手能力。这种教育理念源远流长,旨在培养出既满腹经纶又能将所学应用于实际的人才。

它认识到,单纯地灌输知识而忽视实践,往往会导致学生眼高手低,难以适应社会快速发展的需求。在传统教育的熏陶下,学生被鼓励将所学知识与日常生活、社会实践相结合。无论是通过农业生产、手工制作,还是商业贸易等实践活动,学生都有机会亲身体验知识的实际应用,感受知识与实践的紧密联系。这种教育模式不仅有助于学生巩固所学知识,更能培养其实践操作能力和创新思维。现代教育在科技和信息的推动下飞速发展,但知识与实践相结合的教育理念依然具有重要意义。在现代社会中,企业和社会更加注重人才的实践经验和实际操作能力。一个仅拥有理论知识而缺乏实践经验的学生,很难在竞争激烈的市场中脱颖而出。因此,现代教育必须继续秉承传统教育中知识与实践相结合的理念,注重培养学生的实践能力和动手能力。

(三)倡导尊师重道

传统教育中,尊师重道被视为一种不可或缺的文化传统,深深植根于中华文明的土壤之中。在这种理念的指引下,学生与老师之间建立起了一种深厚的情感纽带。学生对老师怀有崇高的敬意,视老师为知识的引路人和人生的导师;而老师则怀着责任与使命感,尽心尽力地传授知识,为学生的成长和发展倾注心血。这种尊师重道的理念,不仅有助于建立良好的师生关系,更为提高教育质量奠定了坚实的基础。在尊师重道的氛围中,老师能够感受到学生的尊重和信任,从而更加投入地教书育人;而学生也能够在老师的悉心指导下,更加专注地学习知识、提升自我。这种良性互动,使得传统教育在培养人才方面取得了显著的成效。然而,在现代教育中,师生关系发生了一些变化。随着教育理念的更新和教育体制的改革,学生的主体地位得到了更加充分的体现,而老师的角色也逐渐从单纯的知识传授者转变为学生学习和发展的引导者、合作者。尽管如此,尊师重道的理念依然具有重要意义。在现代教育中,尊师重道不仅是对传统文化的传承和尊重,更是构建和谐校园、提升教育品质的重要保障。

(四)培养综合素质

传统教育一直将培养学生的综合素质作为教育的核心目标,深知思维能力、创新能力、人际交往能力等是学生未来全面发展的关键所在。这些能力的培养不仅关乎学生个人的成长,更与整个社会的进步息息相关。在传统教育的熏陶下,学生被鼓励开阔视野、勤于思考,不断锻炼自己的思维能力和创新能力。同时,通过参与各种社交活动,学生的人际交往能力也得到了有效的提升。现代社会的发展日新月异,竞争也日益激烈。在这样的背景下,一个人要想在社会中立足,不仅需要具备扎实的知识基础,更需要拥有全面的能力素质。思维能力、创新能力和人际交往能力等已经成为现代社会对人才的基本要求。一个优秀的学生或者教育者应该既善于学习,又善于创新,更善于与人沟通和合作。因此,传统教育中的综合素质培养理念对现代教育具有极其重要的指导意义。现代教育在借鉴传统教育经验的基础上,应该更加注重学生综合素质的培养,将知识传授与能力培养有机结合,让学生在学习的过程中不断提升自己的思维水平、创新能力和社交技巧。

(五)注重因材施教

传统教育始终秉持着因材施教的教育理念,深知每个学生都是独一无二的个体,具有不同的兴趣、能力和特点。因此,传统教育注重根据学生的个体差异进行有针对性的教育,旨在激发学生的学习兴趣和动力,提高教育效果。这种教育理念不仅体现了对学生的尊重和理解,更是对教育规律的深刻把握。在传统教育的实践中,因材施教的理念得到了充分的体现。老师会针对学生的不同特点,制订个性化的教学计划,采用不同的教学方法和手段,以满足学生的不同需求。这种教育方式不仅有助于激发学生的学习兴趣,更能够让他们在学习过程中感受到成功的喜悦,从而增强学习的自信心和动力。现代社会的发展对教育提出了更高的要求,尤其是在提倡个性化教育和多元化评价的背景下,因材施教的理念更加凸显出其重要性。现代教育不仅要关注学生的知识掌握情况,更要关注学生的个性化发展和多元化需求。因此,现代教育必须借鉴传统教育中因材施教的理念,注重根据学生的个体差异进行有针对性的教育。为了实现这一目标,现代教育需要不断创新教育方法和手段。例如,通过采用分层教学、小组合作学习等方式,满足学生的不同学习需求;通过引入多元化评价体系,全面、客观地评价学生的发展情况。这些措施的实施,将有助于激发学生的学习兴趣和动力,提高教育效果。

第二节 传统文化与传统教育对核心素养遴选的启示

一、传统文化对核心素养遴选的启示

(一)人文底蕴的涵养

传统文化是民族历史的积淀,它蕴含着深厚的人文精神,是民族生生不息、薪火相传的精神源泉。在核心素养的遴选中,我们应当深刻认识到传统文化的重要性,并从中汲取智慧,重视学生人文底蕴的涵养。人文底蕴的涵养,不仅是对传统文化的传承和弘扬,更是对学生全面发展的基础支撑。要培养学生对传统文化、历史、文学、艺术等领域的兴趣和鉴赏力,让他们能够在这些领域中感受民族文化的独特魅力,找到自我认同和价值归属。这需要我们在教育过程中,注重引导学生去品味经典、感悟历史,让他们在文化的熏陶中,逐渐形成对民族文化的深刻理解和热爱。在培养学生对传统文化兴趣的同时,我们还需要注重提升他们的文化素养和审美能力。文化素养是学生在长期的学习过程中,通过不断积累、沉淀而形成的对文化的深刻理解和感悟。而审美能力则是学生在欣赏、鉴别文化作品时,所表现出来的对美的敏感度和鉴赏力。这些能力的培养,需要我们在教育过程中,注重引导学生去阅读经典文学作品、欣赏艺术佳作,让他们在文化的海洋中畅游,感受文化的魅力,提升自我修养。通过人文底蕴的涵养,学生可以形成更加深厚的文化底蕴和更加宽广的视野。他们不仅能够更好地理解民族文化,还能够对世界多元文化有更加全面的认知和了解。这将有助于他们在未来的学习、工作和生活中,更好地融入社会、适应社会,为个人的全面发展奠定坚实基础。

(二)科学精神的培育

传统文化虽然以人文精神为内核,但它绝非只关注人文领域,对自然和科学的探索与尊重同样是其重要组成部分。在浩如烟海的历史长河中,我们的先祖们通过观察、实验和思考,积累了丰富的自然科学知识,形成了独特的科学精神。这种精神在现代社会依然具有重要意义,特别是在核心素养的遴选中,更应注重对学生科学精神的培育。科学精神的核心在于保持好奇心和探究欲,敢于质疑和批判,勇于创新和实践。好奇心和探究欲是科学发现的原动力,只有对未知世界充满好奇,才能持续不断地进行探索和研究。质疑和批判则是科学进步的重要推动力,只有敢于对现有理论质疑,才能推动科学的不断发展和完善。创新和实践则是科学成果转化的关键,只有将理论知识与实际应用相结合,才能创造出真正有价值的科技成果。在核心素养的遴选中,我们应注重对学生这些科学精神的培养。要鼓励学生保持对自然和科学的热爱和好奇,引导他们通过观察、实验等方式,亲身感受科学的魅力和乐趣。要教育学生敢于质疑和批判,不盲目接受现有知识和理论,而是要有自己的思考和判断。要培养学生的创新能力和实践精神,鼓励他们勇于尝试新事物,敢于挑战自我,不断追求卓越。通过科学精神的培育,学生可以形成更加客观、理性的思维方式,更加深入地认识自然、理解科学。他们可以学会用科学的方法去解决问题,用科学的态度去面对挑战。这种科学精神不仅对学生个人的全面发展具有重要意义,更对社会的科技创新和发展具有深远影响。

(三)自主学习能力的提升

传统文化历来强调自主学习和终身学习的理念,深知学习是一个持续不断、永无止境的过程。在这种观念的指引下,历代先贤孜孜不倦地追求知识,不断提升自我,为后世留下了丰富的文化遗产。如今,在核心素养的遴选中,我们更应该秉承这一理念,重视对学生自主学习能力的培养。自主学习能力的培养是教育的重要目标之一,它关系到学生未来的发展和社会的进步。一个具备自主学习能力的学生,能够主动获取知识,不断拓宽自己的视野和认知,从而更好地适应未来社会的快速变化和发展。因此,在核心素养的培育过程中,我们应注重激发学生的学习兴趣和动力,让他们从内心热爱学习,享受学习的过程。要激发学生的学习兴趣和动力,首先需要了解他们的兴趣爱好和个性特点,因材施教。每个学生都是独一无二的个体,他们有着不同的兴趣点和认知方式。因此,在教学过程中,教师应关注学生的个体差异,采用多样化的教学方法和手段,以满足不同学生的学习需求。同时,教师还应注重培养学生的好奇心和探究欲,引导他们主动发现问题、提出问题、解决问题,从而激发他们对知识的渴望和对学习的热情。除了激发学生的学习兴趣和动力,教会他们有效地学习的方法和策略也是培养自主学习能力的重要环节。一个优秀的学生或者教育者应该掌握多种学习方法,如归纳总结、对比分析、实践操作等,以便在不同情境下灵活运用。

(四)健康生活的倡导

传统文化深植于民族的血脉之中,它注重身心并重的健康观念,将健康视为人生的第一财富。这一观念,跨越时空,至今依然熠熠生辉,为现代教育提供了宝贵的启示。在核心素养的遴选中,我们应积极倡导对学生健康生活的关注,将身心健康作为教育的重中之重。健康不仅仅是身体上没有疾病,更包括心理上的健康。一个身心健康的人,才能拥有足够的能量去面对生活的挑战,去创造美好的未来。因此,培养学生的良好生活习惯和健康意识至关重要。生活习惯是健康的基石,只有养成了良好的作息、饮食、运动等习惯,才能为身体打下坚实的基础。同时,健康意识的培养也不容忽视,要让学生认识到健康的重要性,学会珍惜和爱护自己的身体。除了生活习惯和健康意识的培养,教会学生如何进行自我管理和调节也是至关重要的。生活中总会遇到各种困难和挫折,如何面对这些挑战,保持积极向上的心态和情绪,是每个人都需要学习的课题。自我管理包括时间管理、情绪管理、压力管理等多个方面,只有学会了这些技能,学生才能更好地掌控自己的生活,不被外界因素所左右。通过健康生活的倡导,我们可以帮助学生建立正确的人生观和价值观。让他们明白,追求健康并不是为了活得更长,而是为了活得更好。只有身心健康,才能更好地关注自己的内心世界,追求精神上的富足和满足。

(五)责任担当的强化

传统文化深植着责任担当的观念,它强调个人对家庭、社会、国家的责任与义务,认为个人的成长和发展与社会息息相关,紧密相连。在这种观念的熏陶下,历代先贤以天下为己任,勇于担当,为民族的繁荣和国家的昌盛付出了巨大的努力。如今,在核心素养的遴选中,我们更应该强化对学生责任担当的培养,让他们继承并发扬这一优良传统。强化责任担当的培养,首先要增强学生的社会责任感和公民意识。学生是未来社会的主人翁,他们的责任感和公民意识直接影响社会的和谐稳定和发展进步。因此,在教育过程中,我们应注重引导学生关注社会、关心他人,让他们认识到自己的行为和决策对社会和他人产生的影响,从而自觉承担起应有的责任。同时,我们还应加强公民教育,让学生了解公民的权利和义务,培养他们的法治精神和民主意识,让他们成为遵纪守法、积极参与社会公共事务的合格公民。除了社会责任感和公民意识外,培养学生的团队合作精神和领导能力也是强化责任担当的重要途径。在现代社会,团队合作和领导能力已成为个人成功的重要因素。一个具备团队合作精神和领导能力的人,能够更好地融入团队、发挥个人优势、带动团队发展,从而在社会中发挥更大的作用。因此,在教育过程中,我们应注重培养学生的协作精神、沟通能力和组织协调能力,让他们学会在团队中承担责任、发挥作用。强化责任担当的培养还需要让学生积极参与社会公共事务和公益事业。实践是检验真理的唯一标准,也是培养责任担当的有效途径。

二、传统教育对核心素养遴选的启示

(一)德育为先:重视道德与品质的培养

传统教育始终将德育放在首位,强调人的道德品质与知识技能的同步提升,这一理念历经千年仍熠熠生辉。在核心素养的遴选中,我们应当深入汲取传统教育的智慧,将道德品质的培养作为教育的重中之重。诚信、友善、尊重、责任感等基本素质,不仅是学生个体成长的必需,更是他们成为优秀公民和社会栋梁的坚实基石。诚信是为人之本,它要求人们言行一致,恪守承诺,是构建和谐社会的重要基石。友善则体现了人与人之间的亲和与善意,它倡导宽容、理解和互助,是社会温暖的源泉。尊重是对他人权利和价值的认同,它要求我们平等对待每一个人,尊重他们的差异和选择。责任感则是对自己行为后果的认知和担当,它激励我们勇于面对挑战,积极履行职责。在日常教育中融入德育内容,是培养学生道德品质的有效途径。我们可以通过课堂教学、实践活动、校园文化等多种方式,将德育贯穿于教育的全过程。在课堂教学中,教师可以结合学科特点,挖掘德育资源,引导学生在学习知识的同时提升道德品质。在实践活动中,学校可以组织志愿服务、社会调查等活动,让学生在亲身参与中体验道德的力量,培养他们的社会责任感和公民意识。此外,校园文化也是德育的重要载体。学校可以通过营造积极向上、和谐友善的校园氛围,让学生在潜移默化中受到熏陶和感染。同时,学校还可以加强德育课程建设,完善德育评价体系,确保德育工作的系统性和有效性。

(二)因材施教:关注学生个体差异

传统教育中的因材施教理念深刻体现了教育的本质,即尊重并发展学生的个体差异。它强调教育应根据学生的个性、兴趣和能力来量身打造,确保每位学生都能在适合自己的教育环境中茁壮成长。在核心素养的遴选中,这一理念尤为重要,因为它直接关乎学生未来的发展方向和潜力挖掘。每个学生都是独一无二的个体,他们拥有不同的天赋、兴趣和学习方式。一刀切的教育方式忽略了这些差异,可能会导致部分学生无法适应统一的教学内容和进度,进而产生挫败感和厌学情绪。因此,在核心素养的培育过程中,我们必须关注学生的个体差异,尊重他们的独特性,并努力为他们提供个性化的教育方案。要实现这一点,首先需要深入了解每个学生的特点、需求和潜能。教师可以通过观察、交流、测试等多种方式,全面收集学生的信息,建立个性化的教育档案。然后,根据这些信息,教师可以为学生制订针对性的学习计划和辅导方案,帮助他们在自己擅长的领域得到充分发展。个性化的教育方案不仅能激发学生的学习兴趣和动力,还能提升他们的学习效果和自信心。当学生发现所学内容与自己的兴趣和需求紧密相连时,他们会更加投入地学习,积极探索新知识,从而提高学习效率和质量。同时,当学生在自己擅长的领域取得进步和成就时,他们会感受到成功的喜悦和自信心的提升,进而形成积极的学习态度和心态。

(三)学以致用:强化实践与创新能力

传统教育一直秉持着将所学知识应用于实际生活的理念,深知知识的价值在于其实用性和实践性。这一思想对当今的核心素养遴选具有深远的指导意义。在筛选和培养学生的核心素养时,我们应当着重关注学生的实践能力和创新精神,确保他们不仅掌握知识,还能够灵活运用,解决实际问题。为了实现这一目标,教育者和学校应当积极组织各类实践活动和项目式学习。这些活动可以是校内的实验、社会实践、志愿服务,也可以是与企业、社区合作的真实项目。通过这些实践机会,学生可以亲身感受知识的实际应用,增强对知识的理解和掌握。同时,他们还能在实践中锻炼自己的动手能力、团队协作能力、沟通能力等,这些都是未来职业发展中不可或缺的技能。除了实践活动,项目式学习也是培养学生实践能力和创新精神的有效途径。在这种学习模式下,学生需要围绕一个真实的、具有挑战性的问题或项目进行深入探究。他们需要自主查找资料、设计解决方案、进行实验验证,并最终呈现自己的成果。这一过程无疑会激发学生的创新思维和创造力,培养他们的问题解决能力和批判性思维。在鼓励学生参与实践活动和项目式学习的同时,教育者和学校还应当营造一个宽容、开放的学习环境,允许学生犯错、鼓励他们勇于尝试。

第七章　从现实需求中归纳核心素养

第一节　核心素养的研究思路与方法

一、核心素养的研究思路

(一)明确研究背景和目的

首先,需要明确核心素养研究的背景和目的。当前社会、经济、科技的飞速发展,对人才培养提出了前所未有的新要求。传统的知识灌输式教育已无法满足这种需求,教育领域对核心素养的关注和重视程度日益提升。核心素养,作为学生应具备的,能够适应终身发展和社会发展需要的必备品格和关键能力,对其研究对于推动教育改革、优化课程设计、提升教学质量具有重大意义。明确研究目的,是核心素养研究的首要任务。我们不仅要深入理解核心素养的内涵和外延,还要探讨其在实际教育中的应用方式和效果。研究目的的确立,有助于我们聚焦核心问题,避免在研究过程中迷失方向。同时,明确的研究目的也是后续研究设计、数据收集和分析的基础。在这个过程中,我们需要密切关注社会、经济、科技等领域的发展趋势,以及这些趋势对人才培养的具体影响。例如,随着信息技术的迅猛发展,数字素养、信息素养等已成为新时代人才必备的核心素养。

(二)进行文献综述

收集和分析与核心素养相关的文献资料,是深入研究该领域不可或缺的重要步骤。这些文献资料包括国内外的研究成果、政策文件以及教育理论等,它们共同构成了核心素养研究的丰富知识体系。通过细致地梳理和分析这些文献资料,我们可以全面了解核心素养的研究现状和发展趋势。国内外的研究成果揭示了不同文化和社会背景下,核心素养的内涵、结构及其在教育实践中的应用。政策文件则反映了各国政府对核心素养的重视和推动力度,以及在教育改革中的战略定位。教育理论则为我们提供了分析核心素养的框架和工具,有助于深化对核心素养本质和价值的认识。在这个过程中,我们不仅可以学习到前人的研究方法和思路,还可以发现研究的空白和不足。这些空白和不足为我们后续的研究提供了方向和挑战,也激发了我们的探索和创新精神。通过对文献资料的深入挖掘和分析,我们可以寻找到新的研究视角和切入点,推动核心素养研究的不断发展和完善。

(三)确定研究方法

根据研究问题和目的选择合适的研究方法是确保研究有效性和可靠性的关键。在核心素养的研究中,我们可以采用多种方法来全面、深入地探讨相关问题。定量研究方法,如问卷调查和统计分析,能够通过收集大量数据来揭示核心素养的普遍特征和规律。这种方法的优势在于其客观性和可重复性,能够通过数据分析来验证和测试假设,从而得出具有普遍意义的结论。然而,定量研究往往无法深入探究个体的具体经验和感受,因此在某些情况下可能无法全面反映核心素养的丰富内涵。而定性研究方法,如访谈、观察和案例研究,则更加注重对个体经验的深入理解。通过与研究对象的直接交流和观察,我们能够更深入地了解他们在核心素养方面的真实想法和实践。这种方法有助于揭示核心素养的情境性和动态性,以及不同个体在核心素养发展上的差异和多样性。然而,定性研究的结论往往受到研究者主观因素的影响,因此在推广和应用时需要谨慎。在实际研究中,我们可以结合使用定量和定性方法,以相互补充和验证。例如,可以先通过问卷调查收集大量数据,了解核心素养的整体情况,然后再通过访谈和观察等定性方法深入探究个体的具体经验和感受。这种混合方法设计能够更全面地反映核心素养的多个层面和维度,提高研究的可信度和有效性。

(四)开展实证研究

基于所选的研究方法,我们深入开展了核心素养的实证研究。在此过程中,我们系统地收集了相关数据、资料和信息,旨在全面揭示核心素养的内涵、特征、结构及其形成机制等重要方面。通过细致的数据分析,我们不仅验证了现有的核心素养理论,还在此基础上进行了丰富和拓展。在实证研究中,我们运用了多种方法来收集数据,包括问卷调查、深度访谈、实地观察等。这些方法为我们提供了来自不同角度和层面的信息,有助于更全面地了解核心素养在实际情境中的表现和发展。同时,我们还充分利用了现代技术手段,如数据挖掘和文本分析,对大量数据进行了深入处理和分析。在分析和解释数据的过程中,我们注重理论与实践的结合,力求从实证材料中提炼出具有普遍意义的结论。我们发现,核心素养的内涵十分丰富,包括知识、技能、情感态度等多个维度。这些维度相互关联、相互作用,共同构成了核心素养的复杂结构。

(五)总结研究结果

根据实证研究的结果,我们可以对核心素养进行更为明确和深入的总结和归纳。核心素养,作为学生应具备的、能够适应终身发展和社会发展需要的必备品格和关键能力,其定义和内涵在实证研究中得到了进一步的揭示和丰富。它不仅包括基础的知识和技能,更涵盖了情感态度、价值观念、思维方式等多个层面,是学生综合素质的集中体现。核心素养的重要性不言而喻。在快速发展的当今社会,具备核心素养的人才更能够适应和应对各种复杂情境和挑战,实现个人价值和社会价值的统一。因此,核心素养的培养已经成为教育领域的重要使命和责任。在教育实践中,核心素养的应用价值也得到了充分体现。一方面,核心素养的培养有助于学生全面提升综合素质,增强社会适应性和竞争力;另一方面,以核心素养为导向的教育改革和课程设计能够优化教育结构,提高教育质量,培养出更多符合社会发展需求的人才。针对核心素养的培养策略,实证研究也提供了一些有益的启示。首先,需要注重学生的主体性,激发他们的学习兴趣和动力,让他们在主动探究和实践中发展核心素养。其次,需要注重学科的整合和融通,打破传统学科壁垒,让学生在跨学科的学习和实践中提升核心素养。最后,需要注重评价方式的改革和创新,建立以核心素养为导向的评价体系,全面、客观地评价学生的发展状况。当然,研究中也存在一些不足和局限性。

(六)提出教育建议

基于核心素养的实证研究结果,我们提出以下教育建议,以期望在课程设计、教学方法和评价方式等方面促进核心素养的培养和提升。首先,课程设计应以学生为中心,注重跨学科整合,将核心素养的培养融入各学科教学内容中。通过设计真实、复杂的问题情境,引导学生主动探究、合作学习,发展他们的批判性思维、创新能力和解决问题的能力。其次,教学方法应多样化,注重学生的主体性和实践性。教师可以采用项目式学习、案例教学、翻转课堂等创新教学模式,激发学生的学习兴趣和动力,让他们在主动参与和实践中提升核心素养。同时,教师还应关注学生的个体差异,提供个性化的教学支持和辅导。最后,评价方式应改革创新,建立多元评价体系。除了传统的纸笔测试外,还应注重表现性评价、过程性评价和同伴评价等多元化评价方式,全面、客观地评估学生的核心素养发展状况。此外,评价结果应及时反馈给学生和教师,以便调整教学策略和学习方法,促进核心素养的持续提升。我们将向教育实践者、政策制定者等利益相关者传达这些研究成果和建议,推动核心素养理念在教育实践中的广泛应用。

二、核心素养的研究方法

(一)文献研究法

利用图书、论文等资料,对核心素养相关的文献进行梳理和分析,是核心素养研究中的一项重要工作。通过深入挖掘和整理前人的研究成果,我们能够更加全面、深入地理解核心素养的内涵、特征和价值,为后续研究提供坚实的理论基础和参考依据。在梳理文献的过程中,我们需要广泛搜集与核心素养相关的图书、期刊论文、学术报告等资料,确保信息的全面性和准确性。通过对这些资料的细致阅读和分析,我们能够了解核心素养的研究现状,包括主要的研究领域、研究方法、研究成果等,从而把握核心素养研究的整体脉络和发展趋势。同时,文献梳理还有助于我们发现核心素养研究中的空白和不足。通过对现有文献的深入剖析,我们能够发现哪些领域尚未得到充分关注,哪些问题需要进一步探讨,从而为后续研究指明方向。这些空白和不足不仅是我们研究的挑战,更是推动核心素养研究不断深入和发展的动力。此外,文献梳理还有助于我们全面、深入地理解核心素养的内涵、特征和价值。通过对不同文献的对比和分析,我们能够更加清晰地认识到核心素养的本质属性,把握其在教育实践中的重要地位和作用。这种深入理解不仅有助于我们构建更加科学、系统的核心素养理论体系,还能够为教育实践提供有力的理论支撑和指导。

(二)实证研究法

通过收集数据、资料和信息,对核心素养进行实证分析和解释,是核心素养研究中的重要环节。具体的研究方法多种多样,包括问卷调查、访谈、观察和实验等。这些方法各具特色,能够相互补充,共同揭示核心素养的实际状况和影响因素。问卷调查是一种常用的量化研究方法,通过设计标准化的问卷题目,收集大样本的数据,从而对核心素养进行统计分析。这种方法能够客观地反映核心素养在群体中的分布情况,以及不同群体之间的差异。访谈则是一种质性研究方法,通过与研究对象进行深入交流,获取他们关于核心素养的真实想法和体验。访谈能够深入挖掘个体的内心世界,揭示核心素养在个体层面的具体表现和发展过程。观察法也是核心素养研究中不可或缺的一部分。通过观察研究对象在自然情境下的行为表现,研究者可以获取关于核心素养的第一手资料。这种方法能够直观地展示核心素养在实践中的应用情况,以及个体在应对挑战时所展现的核心素养水平。实验法则是一种控制变量的研究方法,通过操纵某些因素来观察核心素养的变化情况。这种方法能够揭示核心素养与其他变量之间的因果关系,为制定教育政策和实践提供科学依据。实证研究法对于验证和丰富核心素养的理论具有重要意义。通过实证分析,我们可以检验核心素养理论的有效性和适用性,发现其中的不足和局限。同时,实证研究还能够揭示核心素养的实际状况,包括学生在不同学科和领域中的核心素养表现,以及核心素养与学业成绩、职业发展等方面的关联。这些发现有助于我们更全面地认识核心素养在教育中的重要地位和作用。

(三)行动研究法

在教育实践中,以解决实际问题为目的,对核心素养的培养策略和方法进行实践、反思、再实践,是一种非常实用且富有成效的研究方法。这种方法将研究与实践紧密结合,强调在实际教育场景中不断探索和尝试,以找到真正有效的核心素养培养途径和方法。通过实践,教育者可以直接观察和了解学生在核心素养培养过程中的表现和进步,以及存在的问题和困难。这种直接的观察和了解为后续的反思提供了宝贵的第一手资料。在反思阶段,教育者需要对学生的表现、教学方法、教育资源等各个方面进行深入的分析和思考,以找出问题的症结所在,并提出相应的改进策略。经过反思后,教育者再次回到实践中,将改进后的培养策略和方法应用于实际教学。这一次的实践是对前一次实践的检验和提升,也是对改进策略的有效性的验证。通过不断地实践、反思、再实践,教育者可以逐渐摸索出适合学生实际情况的核心素养培养途径和方法。这种方法的好处在于,它始终以学生为中心,以解决实际问题为目的。它不强求教育者遵循某种固定的教学模式或方法,而是鼓励他们在实践中不断尝试和创新,以找到最适合学生的教学方法。同时,这种方法也强调了教育者的自我反思和自我提升能力,要求他们不仅要有扎实的专业知识,还要有敏锐的观察力和灵活的应变能力。

(四)经验总结法

在教育实践中,成功案例和经验的总结和提炼,对于核心素养的培养具有不可估量的价值。这种总结和提炼的过程,实际上是将实践经验升华为理论的过程,它不仅能够让教育者更深入地理解核心素养培养的本质和规律,还可以为其他教育实践者提供宝贵的借鉴和参考。教育实践是一个充满变数和挑战的领域,每一位教育者都在自己的实践中摸索着前行的道路。然而,在这个过程中,总有一些教育者能够凭借着敏锐的洞察力和卓越的实践能力,创造出具有典范意义的成功案例。这些案例不仅展现了他们在核心素养培养方面的独到见解和创新方法,更重要的是,它们蕴含了丰富的教育智慧和深刻的实践经验。通过对这些成功案例和经验的总结和提炼,我们可以发现一些共性的规律和特点。这些规律和特点往往揭示了核心素养培养的有效途径和方法,以及教育者在实践过程中应该遵循的原则和策略。例如,有的成功案例强调了跨学科整合在核心素养培养中的重要性,有的则突出了学生主体性的发挥和实践活动的设计。这些总结和提炼出的经验和策略,不仅具有普遍的指导意义,还能够根据具体的教育情境进行灵活的应用和调整。将这些实践经验上升为理论,不仅可以丰富和发展核心素养培养的理论体系,还可以为其他教育实践者提供有力的支持和帮助。

(五)跨学科研究法

由于核心素养涉及多个学科领域,采用跨学科的研究方法显得尤为必要。跨学科研究,即结合不同学科的理论和方法来共同探讨核心素养的相关问题,能够打破传统学科之间的壁垒,实现知识与方法的融合与创新。这种方法在核心素养研究中的应用,有助于我们从多角度、多层次深入理解核心素养的内涵、价值及其在教育实践中的具体表现。通过跨学科的研究,我们可以将心理学、教育学、社会学、经济学等多个学科的理论和方法引入核心素养的研究中。心理学可以帮助我们深入了解学生的认知发展、情感态度和价值观形成等心理过程,为核心素养的培养提供心理学依据;教育学可以从课程、教学、评价等方面探讨核心素养的有效培养策略;社会学和经济学等学科则可以从社会需求和经济发展的角度,分析核心素养对个人和社会发展的重要意义。跨学科研究方法的优势在于其能够整合不同学科的知识和方法,形成对核心素养问题的全面、深入认识。这种认识不仅能够揭示核心素养的内在逻辑和发展规律,还能够为教育实践提供更为科学、系统的指导。同时,跨学科研究还有助于发现新的研究问题和领域,推动核心素养研究的不断创新和发展。此外,跨学科研究方法还能够促进不同学科之间的交流与合作。在核心素养的研究过程中,来自不同学科的专家可以共同探讨、交流彼此的观点和方法,形成更为丰富、多元的研究视角。这种交流与合作不仅能够提升研究的质量和水平,还能够推动相关学科的共同发展。

第二节　社会与民众对核心素养的期盼与需求

一、知识掌握与基础素养

社会与民众期望个体能够扎实掌握各类基础知识,这无疑是构建个体认知体系的坚固基石。语言、数学、科学、艺术等多方面的知识,如同人类文明的支柱,共同支撑着个体对世界的全面认知。语言让我们能够与他人顺畅交流,表达内心所想;数学锻炼我们的逻辑思维,让我们在纷繁复杂的数据中找到规律;科学帮助我们解释自然现象,探索未知领域;艺术则滋养我们的心灵,提升我们的审美素养。在信息时代,基础知识的掌握已不再局限于传统学科。信息技术应用、数据处理等技能,已成为现代社会对个体的新要求。信息技术的发展让我们的生活更加便捷,但也对我们的技能提出了更高的要求。个体需要掌握信息技术的基本应用,如办公软件的使用、网络信息的搜索与筛选等,以更好地适应现代社会的工作与生活。数据处理技能在信息爆炸的时代尤为重要。每天,我们都面临着海量的数据,如何从中提取有价值的信息,做出科学的决策,已成为个体必备的技能。数据处理不仅要求个体具备收集、整理、分析数据的能力,还要求个体能够运用数据可视化等手段,将复杂的数据转化为直观的信息,提升决策的科学性和准确性。这些基础知识和技能的掌握,对个体未来的学习、工作、生活具有重要意义。在学习方面,扎实的基础知识和技能是个体深入学习专业知识、提升自我素养的基石。在工作方面,具备全面知识和技能的个体更有可能在激烈的竞争中脱颖而出,获得更好的职业发展机会。在生活方面,这些知识和技能能够帮助个体更好地适应现代社会的节奏,享受科技带来的便利和乐趣。因此,社会与民众对个体基础知识和技能的期望是全面而深远的。他们希望个体能够从小打下坚实的基础,不断提升自己的认知水平和综合素养,以更好地适应不断变化的社会环境。这种期望不仅体现了社会对个体的关爱和责任,也体现了民众对美好生活的追求和向往。

二、批判性思维与决策能力

在面对复杂多变的社会问题时,社会与民众对个体的期望愈发显得重要。他们希望个体能够运用批判性思维,以理性、冷静的态度去剖析问题的本质,不被表面现象所迷惑,从而做出明智的决策。这种能力并非一蹴而就,而是需要个体在长期的学习和实践中逐渐培养起来的。它要求个体不仅具备辨别是非、分析利弊的基本能力,更能够在信息爆炸的时代,从纷繁复杂的信息中筛选出有价值的内容,做出正确的判断和选择。批判性思维的核心在于独立思考和怀疑精神。它要求个体不盲目接受既有观念或权威说法,而是学会用自己的头脑去思考问题,去验证信息的真实性。在这个过程中,个体需要保持开放的心态,勇于接受新事物、新观念,敢于挑战传统、质疑权威。只有这样,个体才能在不断变化的社会环境中保持敏锐的洞察力和判断力。理性分析问题则是批判性思维的具体运用。在面对社会问题时,个体需要运用所学知识、所积累的经验,以及所掌握的分析方法,对问题进行深入剖析。这包括了解问题的背景、分析问题的成因、预测问题的发展趋势等。通过理性分析,个体可以更加清晰地认识到问题的本质和关键点,从而为解决问题提供有力支撑。做出明智的决策则是批判性思维的最终目标。在分析了问题的本质和关键点之后,个体需要综合考虑各种因素,权衡利弊得失,最终做出符合自己价值观和社会利益的决策。这个决策过程需要个体具备高度的责任感和使命感,需要个体将个人利益与社会利益相结合,以实现个人价值和社会价值的统一。在多元的信息时代,个体做出正确的判断和选择显得尤为重要。随着互联网和社交媒体的普及,个体每天都面临着海量的信息输入。这些信息中既有真实、有价值的内容,也有虚假、误导性的信息。个体需要具备辨别信息真伪、筛选有价值信息的能力,以避免被错误信息所误导。同时,个体还需要学会从多元的视角去看待问题,理解不同利益群体的诉求和立场,以更加全面、客观的态度去分析问题、解决问题。为了培养个体的批判性思维能力,社会与民众需要共同努力。教育体系需要注重培养学生的独立思考能力和怀疑精神,鼓励学生勇于发表自己的观点和见解。同时,社会各界也需要营造一个开放、包容的环境,尊重不同声音和观点的存在,为个体提供多元的信息来源和交流平台。

三、创新精神与实践能力

创新是推动社会进步的重要动力,它如同引擎一般,驱动着社会不断向前发展。社会与民众深知创新的重要性,因此他们殷切希望个体能够具备创新精神,勇于尝试新事物,敢于挑战根深蒂固的传统观念。这种期望并非空穴来风,而是基于对社会发展趋势的深刻洞察和对个体潜能的无限信任。创新精神是指个体在面对问题时,不满足于既有的解决方案,而是积极寻求新的思路和方法。这种精神需要个体具备开放的思维、敏锐的洞察力和丰富的想象力。开放的思维让个体能够接纳不同的观点和文化,从中汲取灵感;敏锐的洞察力让个体能够发现问题的症结所在,找到创新的突破口;丰富的想象力则让个体能够跳出既有的思维框架,创造出前所未有的解决方案。勇于尝试新事物是个体具备创新精神的重要体现。新事物往往伴随着不确定性和风险,但正是这些不确定性和风险,孕育着无限的可能和机遇。个体需要勇敢地迈出第一步,去尝试、去实践、去探索,才能将创新想法转化为现实。这种勇气不仅来源于个体的内心力量,也来源于社会对创新的包容和支持。敢于挑战传统观念则是创新精神的更高境界。传统观念往往是社会长期形成的思维定式和行为准则,它们在一定程度上限制了个体的创新空间。然而,个体要敢于质疑传统观念,勇于打破陈规陋习,才能为创新开辟更加广阔的天地。这种挑战需要个体具备批判性思维和独立思考的能力,也需要社会营造一个开放、包容、尊重多元的环境。除了创新精神,个体还应具备将创新想法转化为实际成果的实践能力。这种能力包括但不限于项目策划、团队协作、资源整合等方面。项目策划能力让个体能够将创新想法转化为具体的实施计划;团队协作能力让个体能够与他人携手共进,共同实现创新目标;资源整合能力则让个体能够充分利用各种资源,为创新提供有力的支持。社会与民众对个体创新精神和实践能力的期望是殷切的,也是合理的。因为只有当个体具备了这些素养和能力,才能在创新的大潮中乘风破浪,勇立潮头。而个体的创新实践也将汇聚成推动社会不断发展的强大力量,让我们的生活更加美好、更加丰富多彩。

四、沟通与协作能力

在高度互联的当今社会,人与人之间的沟通与协作变得尤为紧密和重要。有效的沟通和协作不仅是连接人与人之间的桥梁,更是个体在复杂多变的社会环境中取得成功的关键所在。社会与民众对个体的期望也随之提高,他们希望个体能够具备良好的沟通能力,以及出色的团队协作能力。良好的沟通能力首先体现在能够清晰、准确地表达自己的想法。无论是在工作、学习还是生活中,个体都需要与他人交流思想、传递信息。一个能够用简洁明了的语言表达自己观点的人,往往更容易获得他人的理解和支持。这种能力不仅要求个体具备丰富的词汇和语法知识,还要求他们具备良好的逻辑思维和组织能力,以确保信息的准确性和连贯性。然而,沟通不仅仅是说,更重要的是听。社会与民众期望个体不仅能够表达自己的观点,还能够倾听他人的意见,理解他人的需求。倾听是一种尊重,也是一种智慧。它要求个体在交流中保持开放的心态,不急于打断或反驳对方,而是耐心听取对方的观点,从中汲取有益的信息。通过倾听,个体可以更加全面地了解问题的多面性,更加准确地把握他人的需求和期望,从而为有效地沟通打下坚实的基础。在高度互联的社会中,团队协作的重要性不言而喻。无论是在企业、学校还是社区,团队已成为执行任务、解决问题的基本单位。社会与民众期望个体能够具备团队协作的能力,能够在团队中发挥积极作用,共同完成任务。团队协作能力要求个体不仅具备专业知识和技能，还具备良好的人际交往能力、组织协调能力以及解决问题的能力。在团队中，个体需要学会与他人合作、分享资源、承担责任，共同为团队的目标而努力。团队协作还要求个体具备高度的责任感和使命感。每个团队成员都应该明确自己的角色和职责，积极履行自己的义务，为团队的成功贡献自己的力量。同时，团队成员之间还需要建立相互信任、相互支持的关系，形成团结协作、共同进取的良好氛围。

五、社会责任感与公民道德

作为社会的一员，每个个体都肩负着不可推卸的社会责任。这种责任不仅关乎个体的言谈举止，更关乎整个社会的和谐稳定与发展进步。社会与民众对个体寄予厚望，希望他们能够具备强烈的社会责任感，关注社会问题，积极参与社会公益活动，以实际行动为社会的进步贡献自己的力量。强烈的社会责任感是个体履行社会责任的基石。一个有责任感的个体，会时刻关注身边的社会现象，关心弱势群体的命运，愿意为改善社会状况而付出努力。他们不仅关注自身的利益，更关注社会的整体利益，深知自己的言谈举止对社会的影响。因此，在面临选择时，他们会以社会利益为重，做出符合社会期望的决策。关注社会问题是具备社会责任感的体现之一。社会是一个复杂的系统，各种问题层出不穷。个体应该保持敏锐的洞察力，及时发现社会问题，深入了解问题的根源和影响。只有了解问题的真相和全貌，才能有针对性地提出解决方案，推动社会的进步。同时，关注社会问题还能让个体更加珍惜现有的社会资源，更加珍惜和平稳定的社会环境。积极参与社会公益活动是履行社会责任的重要途径。个体应该根据自己的能力和兴趣，选择适合自己的公益项目，为弱势群体提供帮助，为环境保护贡献力量。通过参与公益活动，个体不仅能够实现自我价值，还能结交志同道合的朋友，拓展自己的社交圈子。同时，公益活动还能让个体更加了解社会的多元性和复杂性，提升自己的社会适应能力。除了具备社会责任感，个体还应具备公民道德，遵守社会规范，尊重他人权利，维护社会公共利益。公民道德是社会文明的重要体现，它要求个体在公共场合遵守秩序、尊重他人、爱护公共设施。遵守社会规范则是个体融入社会的基础，只有遵守规范才能获得他人的认可和尊重。尊重他人权利则是个体与他人和谐相处的关键，只有尊重他人才能获得他人的信任和支持。

六、跨文化理解与包容性

在全球化的浪潮下，跨文化理解和包容性已逐渐凸显为个体不可或缺的核心素养。随着国与国之间的交往日益频繁，文化多样性成为我们时代最鲜明的特征之一。社会与民众对个体的期待也随之升级,他们希望个体能够深刻理解并尊重多元文化,对不同文化背景下的价值观念和行为方式保持开放和包容的态度。尊重多元文化意味着承认并接纳世界的多样性。每一种文化都是人类智慧的结晶,都有其独特的价值体系和生活方式。个体需要学会欣赏这种多样性,摒弃文化中心主义的思维定式,以平等、客观的心态去面对不同的文化现象。这种尊重不仅体现在对异国文化的认同上,更体现在对本土文化的自省与传承上。只有当我们能够平等看待各种文化,才能真正理解文化的本质和精髓。理解不同文化背景下的价值观念和行为方式是跨文化理解的核心。不同的文化孕育了不同的价值体系和行为模式,这些差异在很大程度上影响了人们的思维方式和行为选择。个体需要学会透过文化的镜头去解读他人的言谈举止,理解其背后的价值观念和行为动机。这种理解不仅有助于消除误解和偏见,还能促进不同文化之间的深度对话与交流。在全球化的背景下,具备跨文化理解和包容性的个体将更具国际竞争力。他们能够在国际舞台上自信地展示自己的文化特色,也能够尊重并理解其他国家的文化传统。这种素养将有助于个体在国际交流中建立信任、消除隔阂,推动不同文化之间的和谐共处与共同发展。此外,跨文化理解和包容性还能促进个体的全面发展。通过接触不同的文化,个体可以拓宽视野、丰富经历,形成更加开放、包容的心态。这种心态将有助于个体在面对挑战和困境时保持冷静和客观,以更加积极、乐观的态度去应对生活的各种挑战。

七、终身学习与自我发展

随着科技的日新月异和知识的加速折旧,终身学习已不再是一种选择,而是现代社会对每个个体的必然要求。随着科技的日新月异和知识的持续更新,终身学习已然成为现代社会对个体的必然要求。在这个信息爆炸的时代,知识如同海洋般浩渺无垠,而个体的学习则如同逆水行舟,不进则退。在这样一个飞速发展的时代,停滞不前就意味着被时代所淘汰。社会与民众对个体的期望也随之水涨船高,他们希望个体能够树立终身学习的意识,将学习融入生活的每一个角落,让知识成为自我成长的永恒动力。具备自主学习的能力是终身学习的关键所在。社会与民众对个体的期望也随之提高,他们希望个体能够树立终身学习的意识,将学习视为一种持续不断的过程,贯穿人生的始终。具备自主学习的能力是终身学习的关键。在传统的学习模式中,个体往往是被动地接受知识,但在终身学习的视角下,个体需要变被动为主动,成为知识的主人。在浩瀚的知识海洋中,个体需要学会自我导航,根据自己的兴趣和需求选择学习的内容和方式。自主学习要求个体能够根据自己的兴趣和需求,选择适合的学习内容和方法,制订合理的学习计划,并持之以恒地付诸实践。自主学习不仅要求个体掌握有效的学习方法,还要求他们具备强烈的学习动机和自我驱动力。这种能力不仅让个体在学习上更加自由灵活,还能培养他们的创新思维和解决问题的能力。不断更新知识结构是终身学习的核心任务。只有这样,个体才能在知识的海洋中畅游无阻,不断汲取新的养分,更新自己的知识结构。

第三节 基于现实需求的反思与启示

一、现实需求对核心素养的反思

(一)知识基础与深度学习的必要性

在知识经济时代,我们面临着信息量爆炸式增长和知识更新速度空前的挑战。现实需求对个体的知识基础提出了更高的要求,不再满足于简单的基础知识掌握,而是更加注重对知识的深度理解和应用。传统的死记硬背式学习已经难以适应现代社会的需求,深度学习、跨学科知识整合成为新的学习趋势。然而,现实中一些个体虽然拥有广泛的知识面,但往往缺乏深度,难以形成系统的知识体系和独特的见解。这种广而不深的知识结构已经无法满足现代社会的专业化和深度化需求。因此,我们需要深刻反思传统的教育方式和学习方法,转而培养深度学习和终身学习的能力。深度学习要求我们不仅要理解知识的表面含义,更要挖掘其背后的逻辑、原理和关联,形成深层次的认知。跨学科知识整合则要求我们打破学科壁垒,将不同领域的知识进行有机融合,形成更加全面、系统的知识体系。这样的学习方式能够帮助我们更好地应对复杂多变的现实问题,提升个人竞争力和社会价值。

(二)创新能力与实践经验的匮乏

创新是推动社会进步不可或缺的核心动力,它引领着时代的潮流,为社会带来源源不断的新思维、新技术和新方法。然而,仅有理论知识是远远不够的,实践经验同样至关重要。它是将理论知识转化为实际能力的桥梁,是验证理论正确性的试金石,更是推动理论发展的催化剂。遗憾的是,现实中许多个体在创新能力和实践经验上显现出不足。他们或许在书本上积累了丰富的知识,但在面对实际问题时,却显得束手无策,无法灵活运用所学知识找到有效的解决方案。这种情况在教育、科研、企业等多个领域都普遍存在,严重制约了社会的发展和进步。造成这种现象的原因是多方面的,其中教育体制的弊端、实践机会的匮乏以及个体自身缺乏主动性和创造性是主要因素。为了改变这一现状,我们需要从根本上进行反思和改革。首先,教育体系应更加注重培养学生的实践能力和创新精神,提供多样化的实践机会和资源,鼓励学生积极参与实践活动,锻炼他们的动手能力和解决问题的能力。其次,社会各界也应积极营造良好的创新氛围,为个体提供更多的创新平台和支持,激发他们的创造力和创新精神。最后,个体自身也需要不断学习和提升,主动寻求实践机会,勇于尝试新事物,不断积累实践经验,提升自己的创新能力。

(三)情感态度与心理健康的重要性

情感态度是个体对待事物的基本看法和态度,它如同一面镜子,反射出个体内心的世界,直接影响着个体的行为选择和生活质量。在现实社会中,每个人都或多或少地面临着各种挑战和压力,而不同的情感态度往往导致截然不同的结果。一些个体可能由于各种原因,如生活困境、工作压力、人际关系等,而表现出消极、悲观的态度。他们看待问题时往往偏向负面,对未来缺乏信心和希望,这种态度不仅影响了他们自身的心理健康,导致焦虑、抑郁等心理疾病的发生,也对周围的人产生了负面影响,传递出一种消极、压抑的氛围。同时,我们也必须正视心理健康问题在现代社会中的普遍性和严重性。随着社会的快速发展和竞争的加剧,越来越多的人面临着心理压力和困扰。焦虑、抑郁等心理疾病已经不再是少数人的问题,而是成为一种社会现象,呈现出上升趋势。这些心理问题的存在,不仅影响着个体的身心健康,也对社会的稳定和发展构成了潜在威胁。因此,我们需要深刻反思如何培养个体积极、健康的情感态度,关注他们的心理健康。这不仅仅是个人的问题,更是社会的责任。家庭、学校、社会等各个层面都应该积极参与到这一过程中来,为个体提供必要的心理支持和帮助。

(四)价值观与社会责任感的缺失

价值观是个体对事物价值的判断标准,它如同个体行为的指南针,引导着个体的行为选择和价值取向。在现实社会中,价值观的重要性不言而喻,它关乎个体的道德底线、社会责任以及社会的和谐稳定。然而,一些个体可能由于缺乏正确的价值观引导,表现出自私、冷漠的行为,将个人利益凌驾于社会公共利益之上,无视社会的道德规范和法律法规。这种行为不仅损害了社会的公共利益,破坏了社会的和谐稳定,更暴露了个体价值观的扭曲和社会责任感的缺失。社会责任感是个体作为社会成员所必须具备的基本素质之一,它要求个体在享受社会权利的同时,积极履行社会义务,为社会的进步和发展做出贡献。然而,一些个体却忽视了这一点,只关注个人的得失和利益,对社会公益事业漠不关心,甚至成为社会的负担。这种情况的存在,不仅阻碍了社会的进步和发展,也影响了个体的成长和幸福。因此,我们需要深刻反思如何引导个体树立正确的价值观,培养他们的社会责任感。这不仅是家庭、学校、社会的责任,更是每个个体的自我修养和追求。家庭应该注重孩子的品德教育,从小培养他们的社会责任感和集体荣誉感;学校应该加强德育课程的建设,注重学生的实践教育和情感体验;社会应该营造良好的道德氛围和文化环境,为个体提供正确的价值引导和激励机制。

二、反思下的核心素养教育启示

(一)激发学生的主体性与自主学习能力

在核心素养教育的框架下,学生的主体性得到了空前的重视,传统的"填鸭式"教学因忽视学生主体地位而显得力不从心。为了有效培养学生的核心素养,教师必须转变角色,由单纯的知识传授者变为学习的引导者和促进者。这要求教师设计富有启发性的教学活动,激发学生的兴趣和好奇心,引导他们主动探索并解决问题。同时,培养学生的自主学习能力也至关重要,教师需要教会他们如何获取知识、整理信息并加以运用,从而为他们的终身学习奠定坚实基础。这一转变不仅是对教学方法的革新,更是对教育理念的深刻反思和升华,有助于真正实现以学生为主体的现代教育目标。

(二)加强跨学科的综合素养培养

现实世界中的问题往往错综复杂,单一学科的知识和方法往往难以应对。因此,核心素养教育特别注重培养学生的跨学科综合素养,期望他们能够娴熟地运用来自不同学科的知识和方法来深入剖析和有效解决问题。为了达到这一培养目标,教育者必须摒弃传统的学科孤立观念,积极推动学科之间的交流与融合。他们应该精心设计一系列富有挑战性的、跨学科的学习任务,激励学生跨越学科界限,在探索与实践中整合多元化的知识和方法。这样的教育方式不仅能够锻炼学生的整体思维,提升他们的创新能力,更能够使他们具备面对未来社会各种复杂挑战的能力。通过打破学科壁垒,加强学科融合,教育者可以为学生打造一个更加全面、深入的学习环境,助力他们成长为具备高度综合素养的未来人才。

（三）注重社会责任感与公民意识的培养

核心素养教育的目标远不止于提升学生的知识技能和认知能力，它更强调培养学生的社会责任感和公民意识。每个人都是社会大家庭中不可或缺的一员，因此，承担起相应的社会责任和义务是我们每个人的基本素养。为了实现这一目标，教育者需要采取多种方式，不仅在课堂上传授道德观念，更要通过实践活动让学生亲身体验社会责任的重要性。比如，组织学生参与社区服务、环保项目等，让他们在实际行动中感受到自身行为对社会的影响。同时，教育者还应着重培养学生的公民意识，使他们了解并积极参与社会公共事务，懂得如何维护社会公平正义，以及如何通过自己的行动推动社会进步。这样的教育不仅能够帮助学生成长为有责任感、有担当的公民，还能为社会的和谐稳定和持续发展奠定坚实的基础。

（四）改革评价方式以适应核心素养教育的需求

传统的以考试成绩为主的评价方式已经无法全面、真实地反映学生的发展状况和核心素养水平。因此，改革评价方式势在必行。教育者应该建立多元化的评价体系，注重过程性评价和表现性评价相结合。他们应该关注学生在学习过程中的表现、进步和努力程度，以及他们在解决实际问题中所展示出来的能力和素养。同时，教育者还应该鼓励学生进行自我评价和同伴互评，培养他们的自我反思能力和批判性思维。通过这样的评价方式改革，我们可以更加全面、真实地了解学生的发展状况，为他们的核心素养培养提供更有针对性的指导和支持。

三、政策与实践层面的启示

（一）制定全面的核心素养教育政策

在政策层面，首要任务是构建一套系统而全面的核心素养教育政策。这套政策不仅需要对核心素养进行清晰明确的定义，确立明确的教育目标，还需要详细规划出实现这些目标的具体培养路径。只有明确了"什么是核心素养"以及"如何培养核心素养"这两个根本问题，才能确保从中央到地方各级教育部门、各类学校以及广大一线教师都能有明确的行动指南和实践方向。这样的政策体系，不仅有助于统一思想、凝聚共识，更能有效推动核心素养教育在全国范围内的深入实施。同时，这套政策还应特别强调跨学科学习在核心素养培养中的重要性。在复杂多变的现实世界中，单一学科的知识和技能往往难以应对各种挑战,因此需要学生具备跨学科的综合素养。这就要求政策制定者以创新的视角审视传统的学科划分和课程设置,打破固有的学科壁垒,鼓励学校尝试跨学科的课程整合与教学设计。通过创新课程设置和教学方式,不仅可以激发学生的学习兴趣和探究欲望,还能有效培养他们的创新思维和解决问题的能力,从而更好地适应未来社会的多元需求。

(二)加强教师培训与专业发展

教师是核心素养教育的关键实施者,他们的理念、能力和实践直接关系到学生核心素养的培养效果。因此,在政策和实践层面,必须高度重视教师的培训和专业发展,为他们提供持续、系统的支持。通过定期的培训,教师可以及时更新教育观念,深入理解核心素养的内涵和价值,掌握将核心素养融入日常教学的方法和策略。这些培训可以采用多种方式,如专题讲座、案例分析、实践操作等,以确保教师能够全面、深入地掌握核心素养教育的理念和实践技巧。除了培训,研讨会也是一个重要的交流平台。通过组织定期的研讨会,可以会聚来自不同学校、不同地区的教师,共同探讨核心素养教育的理念、方法和实践。这样的研讨会不仅可以促进教师之间的交流和合作,还能激发教师的创新思维和实践热情。同时,邀请专家学者或优秀实践者分享他们的研究成果或实践经验,可以为教师提供宝贵的启示和借鉴。

(三)整合社会资源,丰富教育实践

核心素养教育着重强调培养学生的社会责任感和公民意识,这不仅是对学生个人成长的期望,更是对未来社会公民素质的整体提升。为了实现这一目标,政策和实践层面必须积极整合社会资源,努力为学生提供丰富多样的社会实践机会。这些机会不应仅仅局限于学校的课堂和操场,而应延伸到更广阔的社区、企业和非营利组织等各个领域。通过与社区建立紧密的合作关系,学校可以将学生引入社区服务和志愿者活动中,让他们亲身体验到为社会做贡献的快乐和成就感。在这样的实践中,学生不仅能够锻炼自己的沟通能力和团队协作能力,更能深刻感受到作为社会一员所应承担的责任和义务。与企业的合作则可以为学生提供更为专业和具体的实践机会。企业拥有丰富的资源和实际工作经验,通过与企业合作,学生可以接触到真实的工作环境和项目,了解到社会和企业的运作方式。

(四)建立多元评价体系

传统的以考试成绩为主的评价体系因其单一性和片面性,无法全面、准确地反映学生的核心素养水平。这种评价体系过于强调知识的记忆和应试技巧,而忽视了学生在情感态度、价值观、创新能力等方面的发展。为了改变这一现状,政策和实践层面必须建立多元评价体系,以更全面地评价学生的综合素质。多元评价体系应包括过程性评价、表现性评价和终结性评价等多种方式。过程性评价注重对学生学习过程的观察和记录,关注学生在学习过程中的态度、方法和进步,以及他们解决问题的能力。这种评价方式可以帮助学生及时发现自己的不足,调整学习策略,提高学习效率。表现性评价则侧重于评价学生在实际情境中的表现,如口头表达、团队合作、创新能力等。这种评价方式能够更真实地反映学生的能力和潜力,有助于培养学生的实践能力和创新精神。终结性评价是对学生学习成果的总结性评价,但它不应仅仅局限于考试成绩,还应包括学生的作品、报告、演讲等多种形式,以全面展示学生的知识和能力。在多元评价体系中,还应特别关注学生的全面发展,包括知识技能、情感态度、价值观等方面。

(五)加强家校合作与沟通

家庭是学生成长的摇篮,是他们塑造个性、培养习惯和价值观的初始场所。因此,在核心素养教育的推进中,家庭的作用不可忽视。政策和实践层面必须高度重视家校合作与沟通,确保学校和家庭形成有力的教育合力,共同为学生的全面发展提供坚实支撑。学校作为教育的主阵地,有责任也有义务将核心素养教育的理念和方法传递给家长,引导他们在家庭教育中予以实践。通过定期召开家长会,学校可以及时向家长通报学校的教育教学计划,解释核心素养教育的内涵和目标,指导家长如何在日常生活中培养孩子的各项核心素养。家长学校则是提升家长教育理念和方法的有效途径,通过专家讲座、经验分享、互动讨论等形式,帮助家长解决在家庭教育中遇到的困惑和难题。除了向家长传递核心素养教育的理念和方法,学校还应建立有效的沟通机制,及时了解学生在家庭和社会中的表现和问题。这可以通过家访、家长联系本、网络平台等多种方式实现。

第八章　从现行课程标准中反思核心素养

第一节　现行课标中核心素养指标的确定与内容分析

一、核心素养指标的确定

(一)个人层面核心素养指标

个人层面的核心素养指标,是 21 世纪社会发展中个体所必备的关键能力、品格和价值的综合展现,关乎每个人的成长、发展及其未来社会的适应力。在认知领域,批判性、创新性思维和问题解决能力显得尤为重要。面对多变的社会环境,独立思考、明辨是非、多角度分析并创新解决方案成为必备能力。信息素养则是信息时代的核心,筛选、处理和应用海量信息为个体发展提供支持。在情感上,自我管理和调节是应对生活挑战的关键,积极心态、自我激励和调整都不可或缺。同情心和责任感是建立良好人际关系、融入社会的基石。在技能方面,沟通和团队合作能力对个体在社会中的发展至关重要,有效沟通能减少误解,而团队合作则是实现共同目标的关键。此外,学习能力和适应能力也不容忽视。科技和社会的快速发展要求个体持续学习、更新知识,同时灵活应对各种变化和挑战。这些核心素养共同构成了个人在 21 世纪社会中的必备能力体系,是其实现个人价值、适应社会的重要保障。

(二)社会层面核心素养指标

社会层面的核心素养指标,综合衡量公民在参与公共事务、推动社会进步中所需的关键能力、必备品格及核心价值。这些指标映射出社会期望,为公民行为和发展指明方向。公民意识方面,要求具备强烈的国家认同和民族自豪感,自觉维护国家和民族利益,同时具备法治精神,尊重并遵守法律,积极参与法治活动。社会责任感亦不可或缺,公民应关注社会发展,投身于公益事业。在公共参与上,强调公民的积极合作,需掌握公共事务知识,理性参与讨论和决策。团队协作能力也至关重要,以共同推动社会进步。在信息化背景下,信息素养成为参与公共事务的必备条件,要求公民能熟练获取、处理和传递信息。道德行为方面,要求公民具备崇高道德品质和良好行为习惯,遵守社会公德,尊重他人,诚实守信,公正无私。日常生活中,公民应注重个人修养,维护公共秩序,为社会和谐稳定贡献一份力量。这些核心素养共同构成了社会公民的全面素质要求,是推动社会进步和发展的重要保障。

(三)国家层面核心素养指标

国家层面的核心素养指标,定义了 21 世纪公民应对挑战、参与国家发展及实现自我价值所需的关键能力、必备品格和核心价值,反映了国家对公民的战略期望,指导教育改革和人才培养。在知识与能力上,要求公民具备扎实的基础和专业技能,如语言沟通、数学逻辑、科技素养,以适应时代需求,并持续终身学习。在价值观与态度上,需树立正确的世界观、人生观,包括爱国精神、社会责任感、诚信友善和尊重多元文化,以积极参与国家建设,维护社会和谐,展现积极的生活态度和乐观精神。公民责任与社会参与方面,强调履行责任,参与公共事务,关注国家发展,行使政治权利,同时参与志愿服务和公益活动,推动社会公平。在国际视野与跨文化交流上,要求公民具备国际眼光和跨文化能力,了解国际形势,尊重各国文化,掌握外语和沟通技巧,以在国际舞台上自信地展示国家形象,促进国际合作,为国家贡献力量。这些核心素养共同构建了国家公民的全面素质框架,是国家发展和人才培养的重要方向。

二、现行课标中核心素养内容分析

(一)道德品质教育内容

道德品质教育内容分析主要聚焦于培养个体的道德观念、行为习惯和社会责任感,这些内容对于塑造一个人的品格和促进社会和谐至关重要。在道德品质教育中,价值观的教育是基础,包括诚信、友善、公正、勤劳等,这些价值观是构建个体道德体系的基石,也是个体在社会生活中应遵循的准则。除了价值观教育,行为习惯的养成也是重要一环,通过日常生活中的细节规范,如守时、守信、尊重他人、爱护公物等,来培养个体良好的行为习惯。此外,社会责任感的培养也是道德品质教育不可或缺的部分,它要求个体不仅关注自身利益,更要关心社会公共利益,愿意为社会做出贡献。在教育方法上,道德品质教育注重理论与实践相结合,通过道德知识的传授和道德实践活动的开展,引导个体在思想上认同道德准则,在行动上践行道德要求。总的来说,道德品质教育旨在培养个体的道德素质,提升其人格魅力,也有助于营造一个和谐、文明的社会环境。在当前社会背景下,加强道德品质教育具有重要意义,它不仅是个人成长的需要,更是社会发展的需要。

(二)知识体系教育内容

知识体系教育内容涵盖了广泛的知识领域和深入的学习层次,旨在为学生提供全面、系统、连贯的知识结构和能力框架。在教育过程中,知识体系教育注重知识的基础性、系统性和前瞻性,强调知识之间的内在联系和逻辑关系,帮助学生建立扎实的知识基础和灵活的思维模式。知识体系教育不仅关注知识的传授,更注重知识的应用和创新,通过实践、探究、创新等方式,培养学生的问题解决能力、创新能力和终身学习能力。在教育内容上,知识体系教育包括自然科学、社会科学、人文艺术等多个领域,涉及概念、原理、方法、技能等多个层面,旨在为学生提供多元化的知识体验和认知视角。在教育方法上,知识体系教育倡导启发式、探究式、合作式等多样化的教学方式,鼓励学生主动参与、积极思考、交流合作,形成自主、合作、探究的学习氛围。

(三)实践能力教育内容

实践能力教育内容主要聚焦于培养学生在实际生活和工作中应用所学知识、技能解决问题的能力。它强调知识的实用性和操作性,注重理论与实践的紧密结合,以提高学生的动手能力和应变能力。在教育过程中,实践能力教育通过模拟实验、社会实践、项目设计等方式,让学生在真实或模拟的环境中亲身体验、动手操作,从而深化对知识的理解,提升技能水平。此外,实践能力教育还注重培养学生的创新思维和团队协作精神,鼓励学生在实践中勇于尝试、敢于创新,学会与他人沟通协作,共同解决问题。在教育内容上,实践能力教育涵盖了专业知识应用、技能训练、社会实践等多个方面,旨在为学生提供全面、系统的实践教育体验。在教育方法上,实践能力教育倡导以学生为中心,以问题为导向的教学方式,鼓励学生主动参与、积极思考、勇于实践,形成积极、主动、探究的学习态度。

(四)综合素质教育内容

综合素质教育内容是一个多元化、全面性的教育体系,它旨在培养学生的知识、能力、情感态度和价值观等多方面素质,以应对21世纪复杂多变的社会环境。在教育过程中,综合素质教育不仅注重知识的传授和技能的训练,更关注学生的全面发展,包括思维能力、创新能力、人际交往能力、心理素质等方面。同时,它也强调培养学生的社会责任感和公民意识,引导学生关注社会、关心他人,积极参与社会公共事务。在教育内容上,综合素质教育涵盖了多个领域,包括自然科学、社会科学、人文艺术等,旨在为学生提供广泛的知识背景和多元化的学习体验。此外,综合素质教育还注重培养学生的自主学习能力和终身学习意识,帮助学生掌握学习方法,提高学习效率,为未来的学习和职业发展打下坚实的基础。

三、核心素养指标与内容的时代性

(一)反映科技发展的需求

随着科技的飞速发展,人们的生活方式、工作方式以及社会结构正在经历一场前所未有的深刻变革。在这场变革中,信息技术的广泛应用和互联网的不断普及,极大地改变了我们的生活方式和工作模式,也对社会结构产生了深远的影响。为了适应这一时代的变化,核心素养指标紧跟科技发展的步伐,将信息素养、科技创新能力等关键素养纳入其中,以确保学生能够适应并有效利用科技发展的成果。信息素养已经成为现代社会公民必备的基本素养之一。在信息化社会中,人们需要掌握获取、处理、传递和应用信息的基本技能,以便更好地适应信息时代的生活和工作。因此,核心素养指标强调培养学生的信息素养,包括信息意识、信息知识、信息能力和信息道德等方面。通过培养学生的信息素养,可以使他们更好地利用信息技术来解决实际问题,提高工作效率和生活质量。同时,科技创新能力也是核心素养指标中不可或缺的一部分。在科技飞速发展的时代,创新已经成为推动社会进步的重要力量。因此,培养学生的科技创新能力,对于造就未来社会的创新型人才具有重要意义。科技创新能力包括创新思维、创新实践和创新精神等方面。通过培养学生的科技创新能力,可以激发他们的创造力和想象力,提高他们解决问题的能力,为未来的科技创新和社会发展做出贡献。将信息素养、科技创新能力等纳入核心素养指标,不仅体现了对科技发展的重视,也确保了学生具备在未来社会中生存和发展所需的关键能力。这些关键能力是学生应对未来社会挑战的重要武器,也是他们实现个人价值和社会价值的重要保障。因此,在教育过程中,我们应该注重培养学生的信息素养和科技创新能力,为他们未来的发展奠定坚实的基础。

(二)契合经济全球化的趋势

经济全球化浪潮席卷而来,不同国家、不同文化间的交流与合作日益紧密,形成了多元化、交织复杂的国际环境。在这一大背景下,核心素养指标着重强调跨文化交流能力与国际视野的培养,显得尤为关键。这不仅关乎学生个体在全球化时代的生存与发展,更影响着一个国家在国际舞台上的竞争力与影响力。跨文化交流能力,是指在不同文化背景下,个体能够有效沟通、理解并尊重彼此文化差异的能力。在核心素养指标中,它占据着举足轻重的地位。通过培养学生这一能力,可以使他们更好地融入国际化的学习、工作和生活环境,自信地展示自己的文化特色,同时也能够欣赏并接纳其他文化的独特之处。这样的教育导向,有助于打破文化隔阂,促进不同文化间的相互理解与融合。国际视野,则是指个体能够站在全球的高度,以开放、包容的心态审视各种国际问题,积极参与国际交流与合作。在核心素养指标中,国际视野同样被赋予了极高的重视。具备国际视野的人才,能够紧跟全球化的发展步伐,敏锐地捕捉国际动态,为国家的对外交流与合作贡献自己的力量。在全球化不断深入的今天,国际视野已经成为衡量一个国家人才竞争力的重要标准之一。将跨文化交流能力与国际视野纳入核心素养指标,体现了教育对时代背景的敏锐洞察与积极回应。这样的设置不仅有助于学生个体在全球化时代中脱颖而出,更能够为国家培养出一批具有国际竞争力的人才队伍。这些人才将成为推动国际交流与合作的重要力量,为国家的繁荣与发展注入新的活力。

(三)关注社会问题的变化

随着社会日新月异的发展,各种新的社会问题如潮水般不断涌现,给人们的生活和社会秩序带来挑战。在这样的时代背景下,核心素养指标显得尤为重要,它注重培养学生的社会责任感、公民意识等关键品质,旨在确保学生能够敏锐地捕捉到社会问题的脉络,并积极参与社会公共事务,成为推动社会进步和发展的有生力量。社会责任感是指个体对自己在社会中所扮演的角色和所承担的责任有深刻的认识和自觉的担当。核心素养指标通过强调社会责任感的培养,使学生意识到自己的每一个行动都可能对社会产生影响,从而更加谨慎地行使自己的权利,更加积极地履行自己的义务。这种责任感将促使学生关注弱势群体,投身于公益事业,为社会的和谐稳定贡献自己的力量。公民意识则是指个体对自己作为国家和社会成员的身份有清晰的认识,对国家的法律、制度和文化有深厚的理解和尊重。核心素养指标强调公民意识的培养,旨在使学生成为遵纪守法、积极参与社会公共事务的合格公民。具备公民意识的学生将更加关注国家政策和社会发展,愿意通过合法渠道表达自己的意见和建议,为推动民主法治建设发挥自己的作用。此外,核心素养指标还注重培养学生的批判性思维和问题解决能力。批判性思维使学生不满足于接受现成的知识和观点,而是学会独立思考、分析判断,对事物保持一种审慎和开放的态度。问题解决能力则使学生在面对复杂社会问题时能够迅速找到问题的症结所在,提出切实可行的解决方案。这些能力的培养将使学生在未来的生活和工作中更加游刃有余,成为应对社会挑战的中坚力量。

(四)引领教育改革的方向

核心素养作为新时期人才培养的核心理念,其指标与内容的制定对教育改革起了关键的引领作用。这种引领作用体现在多个层面,首先是通过明确核心素养的内涵和要求,为教育改革指明了方向。传统的教育模式往往注重知识的传授和技能的训练,而忽视了学生全面发展的需求。而核心素养的提出,强调了知识、能力、情感态度和价值观等多方面的综合发展,这促使学校和教师必须转变教育观念,从单一的应试教育转向更加注重学生全面素养提升的教育。为了实现这一转变,学校和教师需要创新教育方式方法,注重学生的主体地位,激发学生的学习兴趣和动力。例如,可以通过项目式学习、情境教学等方式,让学生在实践中学习,在探索中成长。这样的教育方式不仅能够培养学生的创新能力和实践能力,还能够提升学生的团队协作能力和人际交往能力,从而更好地适应未来社会的发展需求。同时,核心素养的评价体系也为教育改革提供了有效的反馈和改进建议。通过对学生的核心素养进行科学、全面的评价,可以及时发现教育教学中存在的问题和不足,进而针对性地进行改进。这种评价体系不仅关注学生的知识掌握情况,还注重学生的能力发展和情感态度等方面的变化,从而更加全面地反映学生的发展状况。此外,核心素养的评价体系还可以促进教育公平。通过对不同地区、不同学校、不同学生的核心素养进行评价和比较,可以发现教育资源的分配是否合理,教育机会是否均等。这有助于政府和教育部门制定更加公平、合理的教育政策,推动教育质量的整体提升。

第二节　现行课标中核心素养的分布

一、现行课标中核心素养的分布类别

(一)人文底蕴

人文底蕴,作为核心素养的重要组成部分,是学生在学习、理解、运用人文领域知识和技能的过程中所形成的基本能力、情感态度和价值取向的集中体现。这一底蕴的深厚与否,直接关系着个体的文化素养、精神世界以及社会适应能力的高低。在人文积淀方面,学生需要广泛涉猎人文知识,包括历史、文

学、哲学、艺术等多个领域,通过不断地学习与积累,形成自己的人文知识体系。这些知识不仅是人类智慧的结晶,也是个体认识世界、理解社会的重要工具。有了丰富的人文积淀,学生才能更加深入地理解人类文明的演进过程,更加全面地认识社会的多样性和复杂性。人文情怀则是学生在面对人文现象时所持有的情感态度和价值判断。一个具有人文情怀的人,会对人类的历史和文化持有敬畏之心,会对社会的弱势群体抱有同情和关爱,会对自然和环境保持敬畏和尊重。这种情怀的培养,需要学生在日常生活中不断体验、感悟和反思,从而形成自己独特的人文价值观。审美情趣则是学生在审美活动中所表现出来的偏好、鉴赏力和创造力。审美教育是学生全面发展的重要组成部分,通过欣赏美、创造美的过程,学生可以提升自己的审美素养,形成自己的审美情趣。一个具有高雅审美情趣的人,会善于发现生活中的美,会用心去感受和创造美,从而让自己的生活更加丰富多彩。

(二)科学精神

科学精神是学生在深入学习、理解和应用科学知识与技能的过程中,逐渐形成的价值标准、思维方式以及行为表现的综合体现。它不仅是科学素养的核心,也是推动个体和社会发展不可或缺的重要力量。理性思维是科学精神的基础。它要求学生在面对问题时,能够运用逻辑和推理,进行客观、冷静的分析,避免盲目和冲动。这种思维方式有助于学生更深入地理解科学现象,把握事物的本质和规律,为科学决策和问题解决提供有力支持。批判质疑则是科学精神的重要体现。它鼓励学生不满足于现有的知识和观点,而是保持一种审慎和开放的态度,对已有结论进行独立思考和评判。通过批判质疑,学生可以培养自己的创新精神和求知欲,不断推动科学的发展和进步。勇于探究是科学精神的又一重要方面。它要求学生具备强烈的求知欲和探索精神,勇于面对未知和挑战,不断进行科学实验和研究。这种精神不仅有助于提升学生的科学素养和实践能力,还能培养他们的团队协作精神和创新能力,为未来的科学研究和社会发展贡献力量。

(三)学会学习

学会学习,是学生在学习过程中展现的一种综合能力,涵盖了学习意识的形成、学习方式方法的选择以及学习进程的评估调控等多个方面。这种能力的强弱直接决定了学生学习效率的高低和学习成果的好坏。乐学善学是学会学习的首要表现。一个会学习的学生,首先应该对学习充满兴趣和热情,能够主动地去寻求知识,享受学习的过程。同时,他们还应该善于学习,能够根据自己的学习特点和需要,选择适合自己的学习方法和策略,从而提高学习效率。勤于反思也是学会学习的重要体现。学习不仅仅是一个接受知识的过程,更是一个不断思考和总结的过程。一个会学习的学生,应该经常对自己的学习过程进行反思,总结经验教训,找出自己的不足和需要改进的地方,从而不断完善自己的学习方法和提高学习能力。信息意识则是现代社会对学会学习提出的新要求。在信息爆炸的时代,如何有效地获取、筛选、整合和利用信息,已经成为衡量一个人学习能力的重要标准。一个会学习的学生,应该具备敏锐的信息意识,能够主动地利用各种信息渠道获取所需信息,并对信息进行有效的筛选和整合,为自己的学习提供有力的支持。

(四)健康生活

健康生活体现了学生在认识自我、发展身心以及规划人生等多个维度的全面素养。它不仅是学生个体成长的基础,更是其未来能够积极应对社会挑战、实现人生价值的坚实保障。珍爱生命是健康生活的核心理念。每个学生都应该深刻认识到生命的宝贵和脆弱,学会尊重生命、保护生命,无论是在日常生活中还是在面对重大人生抉择时,都能以生命为重,做出明智且负责任的决策。这种对生命的敬畏和珍视,将有助于学生形成积极向上的生命观,为他们的健康成长奠定坚实的基础。健全人格则是健康生活的另一重要支柱。一个拥有健全人格的学生,应该具备自信、自律、自强等品质,能够在面对困难和挑战时保持坚韧不拔的精神状态,勇于承担责任,积极寻求解决之道。同时,他们还应该具备开放包容的心态,能够尊重他人、理解他人,与人和谐相处,共同构建良好的人际关系。自我管理则是实现健康生活的关键手段。学生应该学会制定合理的目标和计划,对自己的时间、精力、情绪等进行有效的管理和调控。通过自我管理,学生可以更加高效地学习和生活,避免浪费和损耗,从而保持最佳的身心状态,迎接各种挑战和机遇。

(五)责任担当

责任担当体现了学生在处理与社会、国家及国际等层面关系时所持有的情感态度、价值取向以及所展现的行为方式。它是现代公民素养的核心,涵盖了社会责任、国家认同以及国际理解等关键要素。在社会责任方面,学生被期望能够积极关注社会问题,具备为公共利益服务的意识。这意味着他们需要理解自身在社会结构中的位置,认识到个人行为对社会的影响,并愿意为社会的和谐与发展贡献自己的力量。从参与社区志愿服务到关注环境保护,从遵守社会规范到倡导公平正义,学生的每一个行动都应体现出对社会责任的深刻理解和实践。国家认同则是责任担当的另一个重要体现。学生应当对自己所属的国家持有深厚的感情,理解并尊重国家的历史、文化和价值观。他们应当认识到个人命运与国家命运紧密相连,愿意为国家的繁荣和发展贡献自己的智慧和力量。在关键时刻,学生能够站在国家的立场,维护国家的利益和尊严。国际理解在全球化背景下显得尤为重要。学生需要具备开放的世界观,能够理解和尊重不同文化之间的差异和共性。他们应当关注国际动态,了解全球性问题,并愿意为推动国际合作和发展贡献自己的力量。通过参与国际交流活动、学习外语以及关注国际议题等方式,学生可以不断提升自己的国际素养和跨文化交流能力。

(六)实践创新

实践创新是学生在日常活动、问题解决以及适应各种挑战中所展现的实践能力、创新意识和行为表现的综合体现。它不仅是学生将理论知识转化为实际行动的重要途径,更是培养其未来社会适应能力和创新能力的关键环节。劳动意识是实践创新的基石。学生应该树立正确的劳动观念,理解劳动的价值和意义,尊重劳动成果和劳动者。通过参与各种劳动活动,学生可以培养吃苦耐劳的精神和坚韧不拔的意志品质,为未来的创新实践打下坚实的基础。问题解决能力是实践创新的核心。学生在面对问题时,应该具备独立思考和解决问题的能力,能够灵活运用所学知识和技能,寻找问题的根源并提出有效的解决方案。这种能力的培养需要学生不断积累经验、锻炼思维,勇于尝试新方法、新思路。技术应用则是实践创新的重要手段。随着科技的快速发展,学生应该具备将先进技术应用于实际问题的能力,通过技术手段提高解决问题的效率和质量。这需要学生不断学习新技术、新知识,关注科技发展趋势,积极将科技成果转化为实际生产力。

二、现行课标中核心素养分布的优点与不足

(一)优点

1. 体现了全面发展的教育理念

现行课标中的核心素养确实涵盖了人文底蕴、科学精神、学会学习、健康生活、责任担当和实践创新等多个关键领域,这些方面并不是孤立存在的,而是相互交织、相互支持,共同推动学生的全方位成长。人文底蕴为学生提供了深厚的历史文化知识和人文关怀,科学精神则培养了他们的理性思维和探索未知的勇气。学会学习使学生能够在知识爆炸的时代中持续自我更新,而健

康生活则是他们身心健康的保障。责任担当让学生明白个人与社会、国家的紧密联系，实践创新则鼓励他们将理论知识转化为实际行动，勇于尝试和创新。这些核心素养的有机结合，不仅有助于学生在知识、技能、情感态度等方面取得全面发展，更为他们未来适应社会、实现个人价值奠定了坚实的基础。因此，教师在实际教学中应注重这些核心素养的均衡培养，让学生在各个方面都能得到充分的锻炼和提升。这样的教育才能真正培养出既有知识，又有能力，更有情怀和担当的全面发展的人才。

2. 强调了学科整合

核心素养在课标中的体现，确实突破了传统学科之间的固有界限，强调了多学科之间的深度整合与有机联系。这种整合方式不仅打破了学科之间的壁垒，更使得不同领域的知识和技能得以相互融合、相互促进。在这样的学习环境中，学生不再被局限于某一学科的狭窄视野内，而是能够接触到更为广泛、多元的知识体系。这种跨学科的学习方式有助于学生从多个角度、多个层面去理解和掌握知识，形成更为全面、深入的认识。同时，通过不同学科之间的整合，学生还能够更好地掌握各种技能，提高自己的综合素质。因此，这种以核心素养为导向的课标设计，不仅有助于学生的全面发展，更符合现代社会对人才需求的多元化、综合化趋势。在未来的教育实践中，我们应该进一步深化学科整合，探索更为有效的跨学科教学方式，以更好地培养学生的核心素养，提高他们的综合素质。

3. 注重了实践性和应用性

核心素养的培养在课标中得到了充分的体现，它不仅注重理论知识的学习，更加强调了实践性和应用性。课标中的内容和要求都与学生的实际生活紧密相连，与社会实践息息相关，这样的设计有助于学生将所学知识与实际生活相结合，更好地理解和应用所学知识。通过参与各种实践活动，学生可以亲身感受知识的力量和魅力，增强学习的兴趣和动力。同时，实践也是检验理论知识是否掌握的重要途径，只有在实践中不断尝试、不断探索，学生才能真正将知识内化为自己的能力。因此，课标中注重实践性和应用性的核心素养培养方式，不仅有助于提高学生的综合素质，更能为他们未来的学习和生活奠定坚实的基础。在未来的教育教学中，我们应该继续加强实践性教学，为学生提供更多的实践机会和实践平台，让他们在实践中学习、在学习中实践，真正实现知识与能力的有机结合。

（二）不足

1. 对某些核心素养的重视程度不够

虽然课标全面涵盖了多个核心素养方面，但在实际教学中，某些核心素养的培养可能受到忽视。这往往源于教师对核心素养的理解深度不够，或学校课程设置未能充分平衡各方面的发展需求。同时，评价方式的不完善也可能导致一些核心素养在教学实践中被边缘化。由于传统的以知识记忆为主的评价方式仍占主导地位，那些难以通过简单测试衡量的核心素养，如创新思维、社会责任感等，可能在实际教学中得不到应有的重视。因此，要全面提升学生的核心素养，还需从教师培训、课程设置、评价方式等多方面进行系统的改革和优化。

2. 缺乏具体的实施指导

课标在规划学生核心素养的培养上提出了宏大的目标和要求，但在如何具体落实这些目标和要求方面，却显得指导不足。这种缺失使得一线教师在面对核心素养的教学时，往往感到无从下手，难以找到确切的切入点和有效的教学方法。由于缺乏具体的实施指导，不同教师可能会根据自己的理解和经验进行尝试，这样的教学方式不仅难以保证核心素养培养的系统性和连贯性，还可能导致教学效果的差异性和不确定性。因此，为了真正落实核心素养的培养，课标需要补充和完善具体的实施指导，为教师提供明确的教学路径和方法建议。

3. 评价体系不完善

核心素养的评价涉及多个维度和方面，是一个相当复杂且需要精细处理的过程。为了真实、全面地反映学生的发展情况，必须运用多种评价方式和手段，确保评价的准确性和有效性。然而，现行的评价体系在某些方面仍显不足，可能无法完全覆盖核心素养的所有要点，或者在评价方法和标准上存在一定的片面性。这样的评价体系可能会忽略学生的某些重要表现，导致评价结果不够全面和准确。因此，为了更好地评价学生的核心素养发展情况，我们需要不断完善评价体系，引入更多元化的评价方法和手段，确保评价过程更加科学、合理和公正。

三、优化现行课标中核心素养分布的建议

随着教育的不断改革与发展，核心素养作为新时代人才培养的重要目标，已经越来越受到关注。然而，在现行课标中，核心素养的分布仍存在一些不

足,需要进一步优化。以下是对优化现行课标中核心素养分布的建议。

第一,需要深化对核心素养理念的理解,确保其在整个课程体系中的核心地位。核心素养不仅仅是知识和技能,更包括学生的情感态度、价值观、思维方式等方面的综合表现。因此,在优化核心素养分布时,应充分考虑学生的全面发展需求,注重培养学生的创新精神、实践能力、团队协作等关键能力。

第二,针对现行课标中核心素养框架的不足,我们需要进行完善和调整。这包括明确各个核心素养的内涵、外延和相互关系,构建一个更加科学、合理的核心素养体系。同时,还应关注不同学段、不同学科的核心素养要求,确保其具有连贯性和递进性,以满足学生在不同发展阶段的需求。

第三,强化跨学科整合是优化核心素养分布的重要途径。在传统的教学中,各学科往往各自为政,缺乏有效的整合与联系。然而,在现实生活中,许多问题都需要综合运用多学科知识来解决。因此,在优化核心素养分布时,应注重跨学科整合,打破学科壁垒,加强不同学科之间的联系和融合。通过设计跨学科主题、项目或任务,让学生在解决实际问题的过程中提升核心素养。

第四,注重实践性教学也是优化核心素养分布的关键环节。实践性教学能够让学生将所学知识应用于实际情境中,增强其实践能力和创新意识。因此,在优化核心素养分布时,应增加实践性教学环节,如实验、实训、社会实践等,让学生在实践中学习、在学习中实践。这不仅可以激发学生的学习兴趣和积极性,还可以提高他们的综合素质和社会适应能力。

第五,优化评价方式也是优化核心素养分布的重要手段。传统的评价方式往往过于注重知识和技能的考核,而忽视了对学生的情感态度、价值观等方面的评价。因此,在优化核心素养分布时,应完善评价方式和方法,注重过程性评价和表现性评价的结合,全面、客观地反映学生的发展情况。同时,还应关注学生的个体差异和多元化发展需求,制定个性化的评价方案,以更好地促进学生的全面发展。

第三节 现行课标中核心素养的整体分析

一、现行课标中核心素养的概述

现行课标中的核心素养,是指学生在接受相应学段的教育过程中逐步形成的,适应个人终身发展和社会发展需要的必备品格和关键能力。它涵盖了多个方面,包括知识技能、情感态度、价值观等,是学生在学习过程中不断积累的,对于其未来发展具有重要意义。核心素养具有跨学科性、综合性、发展性和实践性等特点,学生在学习过程中不仅要掌握知识技能,还要形成正确的情感态度和价值观,并在实际生活中运用所学解决实际问题。在现行课标中,核心素养的培养被置于重要地位,各学科都围绕本学科的核心素养要求设计教学内容和活动,以全面培养学生的综合素质。

二、现行课标中核心素养的实施与评价

(一)核心素养的实施背景与意义

在现行课标中,核心素养被郑重地确立为学生发展的核心目标,这一重大转变标志着我国教育对学生全面发展要求的进一步提升。核心素养的提出,深深植根于对未来社会发展趋势的敏锐洞察,以及对教育本质的深度理解。它旨在培养能够灵活适应未来多变社会环境,持续进行终身学习的新一代学子。核心素养的实施,是一场深远的教育变革。它超越了传统教育对单一知识技能的重视,转而聚焦于学生更为全面的能力、情感、态度和价值观的培养。这样的转变,不仅是对学生个体发展的极大尊重,也是对未来社会多元化、复杂化挑战的有力回应。核心素养对于学生个体发展的意义,在于它强调了学生作为一个完整的人的发展需求。学生不再是被动的知识接受者,而是积极的学习者、思考者、实践者。在核心素养的指引下,学生被鼓励发掘自己的潜能,培养自己的兴趣爱好,形成自己的独特见解和价值观。这样的教育过程,无疑更有助于培养出有思想、有情感、有创造力的独立个体。同时,核心素养的实施对于社会发展的意义也是深远的。面对未来社会的快速变化和复杂挑战,具备核心素养的学生将更有可能成为社会的积极贡献者。他们不仅拥有扎实的知识基础,更具备批判性思维、创新能力、团队协作等关键能力。这些能力将使他们能够更好地适应未来社会的工作和生活环境,为社会的进步和发展做出自己的贡献。

(二)核心素养在教学中的实施策略

探讨如何在具体的教学实践中落实核心素养的培养,无疑是当前教育改革的重要议题。教师作为教育实践的主体,需要深入理解核心素养的内涵,把握其对学生全面发展的要求,将其与学科内容紧密结合,创新教学方式方法,以有效地促进学生在教学实践中核心素养的形成与发展。教师需要全面理解核心素养的内涵,明确其在各个学科中的具体表现。核心素养并非空洞的概念,而是具体体现在学生的知识技能、情感态度、价值观等多个方面。因此,教师需要结合学科特点,分析核心素养在学科中的具体体现,从而明确教学目

标,有针对性地设计教学活动。将核心素养的培养与学科内容紧密结合是关键。在教学实践中,教师不应将核心素养与学科内容割裂开来,而应努力实现二者的有机融合。例如,在语文教学中,教师可以通过对经典文学作品的解读,培养学生的审美鉴赏能力、批判性思维等核心素养;在数学教学中,教师可以通过解决实际问题的数学建模活动,培养学生的逻辑思维能力、创新能力等核心素养。创新教学方式方法也是落实核心素养培养的重要途径。传统的教学方式往往注重知识的灌输,而忽视了学生的主体性和实践性。为了培养学生的核心素养,教师需要转变教学方式,采用更加灵活多样的教学方法。例如,项目式学习、情境教学等教学方法,能够让学生在真实的问题解决中发展核心素养。在项目式学习中,学生可以围绕某个主题或问题,进行自主探究、合作学习,从而培养其实践能力、创新能力等核心素养;在情境教学中,教师可以创设与现实生活紧密相关的情境,让学生在情境中学习、体验,从而培养其情感态度、价值观等核心素养。

(三)核心素养的评价方法与实践

评价是检验核心素养培养效果的关键环节,它不仅能够反映学生的学习成果,还能够为教学改进提供有力依据。在核心素养的评价中,我们需要采用多种方法,以全面、真实地了解学生的发展情况。表现性评价和过程性评价是两种常用的评价方法。表现性评价侧重于观察学生在实际任务中的表现,通过对其在完成任务过程中所展示的知识、技能、态度和价值观等进行评价,来反映学生的核心素养水平。这种方法强调评价的真实性和情境性,能够让学生在实际操作中展示自己的能力和素养。过程性评价则关注学生在学习过程中的表现和努力程度,通过对其在学习过程中的参与度、合作能力、创新思维等进行评价,来揭示学生的核心素养发展情况。这种方法注重评价的过程性和动态性,能够及时反馈学生的学习状态,为教学调整提供依据。在实践中合理运用这些评价方法至关重要。首先,我们需要根据具体的评价目标和内容,选择合适的评价方法。不同的评价方法各有优缺点,我们需要根据实际情况进行选择,以确保评价的准确性和有效性。其次,我们需要制定科学的评价标准,明确评价的依据和尺度。评价标准应该具有可操作性和可衡量性,能够真实反映学生的核心素养水平。最后,我们需要注重评价结果的反馈和应用。评价结果应该及时反馈给学生和教师,以便他们了解学生的学习情况和存在的问题。同时,评价结果还应该作为教学改进的依据,为优化教学设计提供参考。

（四）核心素养实施与评价的挑战与展望

核心素养的实施与评价在理论上展现出明显的可行性，为教育改革指明了方向，但在实际操作过程中，教育工作者仍面临着一系列挑战。其中，如何确保核心素养在不同学科、不同年级之间的连贯性和递进性，是一个亟待解决的问题。由于各学科具有自身的独特性和知识体系，核心素养的融入需要进行精细化的设计与调整，以确保在不同学科中都能得到有效体现，同时随着年级的升高，核心素养的培养也应呈现出层次性和深度上的递进。另一大挑战是如何平衡核心素养与学科知识的关系。传统的教育模式中，学科知识是教学的重心，而核心素养的提出，要求教育者在传授知识的同时，更加注重学生能力、情感、态度等方面的培养。这就需要教育者在教学设计中巧妙地将核心素养与学科知识相融合，使学生在学习知识的过程中，自然地发展和提升核心素养。

针对这些挑战，我们可以尝试以下解决策略。首先，建立跨学科、跨年级的核心素养培养体系，明确各年级、各学科在核心素养培养上的具体目标和任务，确保教育的连贯性和递进性。其次，加强教师培训，提升教师对核心素养的理解和实施能力，使教师能够更好地将核心素养融入日常教学中。最后，完善评价体系，将核心素养的评价纳入学生的综合评价中，以评价引导教学，促进核心素养的有效落实。

三、面向未来的核心素养教育改革与创新

（一）建立以学生为中心的教育体系

传统的教育模式往往以教师为中心，忽视了学生的主体地位，这种单向的、填鸭式的教学方式不仅束缚了学生的思维，也抑制了他们的创造力和探索精神。在核心素养教育改革的浪潮中，我们必须扭转这一局面，建立以学生为中心的教育体系。以学生为中心，意味着教育的一切活动都要从学生的需求、兴趣和发展出发，将学生置于教学活动的核心位置。这种教育体系强调学生的主体性和主动性，鼓励他们积极参与学习过程，而非被动地接受知识。为了激发学生的学习兴趣和动力，我们需要设计以学生为主体的教学活动。这些活动应该贴近学生的实际生活，富有趣味性和挑战性，能够引发学生的好奇心和探究欲。在这样的活动中，学生不再是知识的接收器，而是成为知识的探索者和创造者。同时，以学生为中心的教育体系还注重培养学生的自主学习能力和创新精神。自主学习能力是学生终身发展的基础，而创新精神则是未来

社会所需的重要素养。通过引导学生自主学习、合作探究、动手实践等方式，我们可以培养他们的独立思考能力、解决问题的能力和创新思维能力。在核心素养教育改革的进程中，建立以学生为中心的教育体系是至关重要的。这不仅能够提高教育质量和效果，更能够培养出适应未来社会需求的、具备核心素养的新时代人才。因此，我们必须转变教育观念，创新教育方式方法，真正将学生置于教育的中心位置，让他们的潜能得到充分发展，为他们的未来奠定坚实基础。

（二）加强跨学科整合与渗透

核心素养的培养需要打破传统教育中学科之间的壁垒，促进不同学科之间的整合与渗透。这种跨学科的教育方式有助于学生在更广阔的知识领域中探索和发展，培养他们的综合素养和应对未来挑战的能力。为了实现这一目标，我们可以通过开发跨学科课程、组织跨学科教学活动等方式，让学生在跨学科的学习中不断发展核心素养。具体而言，我们可以将科学、技术、工程和数学等学科进行整合，构建一个综合性的学习体系。通过项目式学习的方式，让学生在解决实际问题的过程中，运用多学科知识，培养他们的逻辑思维、创新能力和问题解决能力。这种学习方式不仅能够激发学生的学习兴趣和动力，还能够让他们在实践中深刻理解和掌握知识，提高学习效果。同时，跨学科教育还有助于培养学生的批判性思维和合作能力。在跨学科的学习中，学生需要不断对不同学科的知识进行整合和比较，形成自己的判断和观点。这一过程不仅锻炼了学生的批判性思维，还让他们学会了如何与他人合作，共同解决问题。通过开发跨学科课程、组织跨学科教学活动等方式，我们可以让学生在更广阔的知识领域中自由探索和发展，培养他们的综合素养和应对未来挑战的能力。这种教育方式不仅能够提高教育质量和效果，还能够为学生的全面发展奠定坚实基础。

（三）利用科技手段辅助教学

科技的发展为教育领域带来了翻天覆地的变化，尤其是人工智能、大数据等先进技术的崛起，为教学提供了前所未有的可能性和便利。这些技术不仅改变了教学方式和手段，更深刻地影响着学生的学习体验和效果。利用人工智能，我们可以构建智能教学平台，为学生提供个性化的学习资源和学习路径。这种平台能够根据学生的个人特点、学习需求和兴趣偏好，智能推荐相关的学习内容和资源，让每个学生都能在适合自己的学习环境中成长。同时，智能教学平台还能实时跟踪学生的学习进度和反馈，及时调整学习计划和难度，确保学习效果最大化。而大数据技术的应用,则使得教育评价更加科学、全面和精准。通过收集和分析学生在学习过程中产生的海量数据,我们可以深入了解学生的学习表现、知识掌握情况和进步趋势。这些数据不仅为教师提供了宝贵的教学参考,帮助他们更有针对性地进行教学设计和辅导,也让学生能够更加清晰地了解自己的学习状况,及时调整学习策略和方法。通过利用人工智能、大数据等先进技术辅助教学,我们不仅能够提高教学效果,更能够提升学生的学习体验,让教育更加符合时代的发展和学生的需求。未来,随着科技的不断进步和创新,我们有理由相信,教育领域将迎来更加美好的明天。

(四)构建多元化的评价体系

传统的教育评价以考试成绩为唯一标准,这种方式过于单一,忽视了学生的全面发展,无法全面、真实地反映学生的能力和潜力。在核心素养教育改革的背景下,我们必须转变评价观念,构建多元化的评价体系,以更加全面、科学地评价学生的核心素养发展情况。多元化的评价体系应该注重评价学生的知识、能力、情感、态度等多方面的发展,不仅要关注学生的学科成绩,还要关注他们的实践能力、创新能力、批判性思维等核心素养。只有这样,才能真正了解学生的发展状况,为他们的未来发展提供有针对性的指导和帮助。为了实现多元化评价,我们需要采用多种评价方式和方法。表现性评价是一种重要的评价方式,它通过观察学生在实际任务中的表现来评价他们的能力和素养。这种评价方式能够真实反映学生的实践能力和问题解决能力,有助于发现学生的潜力和特长。同时,过程性评价也是一种值得推广的评价方法,它关注学生的学习过程和方法,重视学生在学习过程中所付出的努力、所取得的进步和所表现出的情感态度。构建多元化的评价体系是核心素养教育改革的重要任务之一。通过多元化的评价,我们能够更加全面、真实地了解学生的发展状况,为他们的未来发展提供有针对性的指导和帮助。同时,多元化的评价也能够激发学生的学习兴趣和动力,让他们更加自信、积极地面对学习和生活。

(五)加强教师队伍建设

教师是教育改革的先行者和实践者,他们的专业素养和教学能力直接影响着学生的发展和教育质量。在核心素养教育改革的推进中,教师队伍的建设显得尤为重要。只有建立一支高素质、专业化的教师队伍,才能确保核心素养教育改革的有效实施,为学生的全面发展提供有力保障。为了提高教师的专业素养和教学能力,我们必须加强教师培训,不断更新他们的教育观念和教学方法。通过组织系统的培训课程、邀请专家讲座、举办教学研讨会等方式,让教师接触到最新的教育理念和教学策略,提升他们的学科知识和教育心理学素养。同时,我们还要鼓励教师积极参与教学研讨,分享自己的教学经验和心得,相互学习、共同进步。除了加强教师培训和教学研讨,我们还应该为教师创造一个宽松、自由的教学环境,鼓励他们勇于创新、大胆实践。在教学过程中,允许教师根据学生的实际情况和学科特点,灵活调整教学内容和方法,尝试新的教学模式和评价方式。对于在教学改革中取得突出成绩的教师,我们应该给予表彰和奖励,以此激励更多的教师投身于核心素养教育改革的实践中。教师队伍的建设是核心素养教育改革的关键环节。只有不断提升教师的专业素养和教学能力,激发他们的创新精神和教学热情,我们才能真正实现核心素养教育的目标,培养出适应未来社会发展需求的优秀人才。

(六)推动社会协同育人

核心素养的培养是一个系统工程,需要全社会的共同参与和支持。学校作为教育的主阵地,不能孤军奋战,而应该积极加强与社会的联系与合作,推动社会协同育人。这种协同育人的模式能够为学生提供更加广阔的学习平台和更加丰富的学习资源,有助于他们更好地发展核心素养,成长为适应未来社会需求的优秀人才。在与企业、社区等机构的合作中,学校可以充分利用这些机构的专业优势和资源优势,为学生提供更多的实践机会和社会资源。比如,学校可以与企业合作开展实习实训项目,让学生在真实的工作环境中体验职业生活,提升他们的职业素养和实践能力;学校还可以与社区合作开展志愿服务活动,培养学生的社会责任感和公民意识。这些实践机会和社会资源不仅能够丰富学生的学习经历,还能够提升他们的社会适应能力和综合素质。同时,学校还应该加强与家长的沟通与合作,共同关注学生的成长和发展。家长是学生的第一任教师,他们对学生的影响深远而持久。因此,学校应该建立与家长的定期沟通机制,及时了解学生在家庭中的表现和成长情况,为家长提供有针对性的教育指导。同时,学校还可以邀请家长参与学校的教育活动,如家长会、家长志愿者等,让家长更加深入地了解学校的教育理念和教育方式,增强家校之间的互信和合作。

第九章　对核心素养推行的实践探索

第一节　基于核心素养的教育质量评估发展

一、基于核心素养的教育质量评估的必要性

（一）促进教育改革与发展

教育质量评估，是对教育各层面的全面审视，能及时发现潜藏的问题与不足。它不仅考核学生的学习成果，更审视教学方法、课程设置等资源分配。通过评估，我们能看清哪些与现代教育理念相悖，哪些阻碍学生全面发展。这些发现为教育改革提供了明确方向和坚实支撑，帮助我们在复杂教育环境中找到改革的切入点和突破口。因此，教育质量评估不仅是教育改革的"晴雨表"，更是推动其向前发展的"助推器"，助力构建科学、合理、高效的教育体系，为社会培养出更多符合需求的人才。

（二）提供优质教育资源

评估教育质量是对学校和教师教学水平的全面审视、科学客观的评估，可揭示出教育教学的优劣。评估结果为学生和家长提供了选择优质教育资源的指南，避免盲目和浪费。同时，评估机制也激励学校和教师不断提升教育教学水平，形成良性竞争。这种循环往复的过程有助于整体教育水平的持续提升，让学生在优质环境中成长，为社会贡献力量。因此，评估教育质量不仅检验学校和教师的工作，更是增加学生教育机会、推动教育水平提升的重要途径。

（三）全面了解学生的学习状况和能力表现

在现代教育中，仅凭笔试成绩难以全面评估学生。因此，需采用多样化评估手段：项目作业展现学生探究与团队能力，口头表达评估思维与语言水平，实践操作体现动手与问题解决能力。这些构成多维度评价体系，全方位观察学生优势与潜能，为个性化教育提供有力支持。每个学生都是独特的，通过多样化评估，教师可定制最适合的教学方案，实现因材施教，最大化发挥学生潜能。因

此,多样化评估是推动个性化教育、实现教育公平与高质量发展的重要工具。

(四)激励教师和学生

教学评估在教育中至关重要,它不仅是衡量学生学习成果的手段,更是推动教师专业成长的关键。评估有助于学生了解自身进度和问题,调整学习策略。对教师而言,评估能全面、客观地反映学生学习状况,指导教学更有针对性,并促使教师深入反思教学理念、方法和效果。这种反思有助于教师认清自身优势与不足,明确发展方向。评估结果还与教师晋升、奖励等利益相关,激发教师积极性和进取心,促使他们更新观念,优化方法,提升教学水平。因此,教学评估不仅鼓舞和促进学生学习,更是推动教师专业成长、提升教育质量的重要力量。

(五)增强教育的社会适应性

基于核心素养的教育质量评估,旨在全面培养学生的综合素质和社会适应能力,不仅关注学生的知识掌握,更重视其能力、情感、态度等全面发展。这种评估使学校不仅是知识传授场所,更是学生综合素质培养的摇篮。它明确育人目标,注重学生创新精神、实践能力等社会适应能力的培养,使学校与社会需求紧密对接。同时,该评估方式激发学生学习动力,助其挖掘潜力,提升自我认知。因此,基于核心素养的教育质量评估对推动学校教育改革、提高人才培养质量至关重要,是现代教育的必然趋势。

二、核心素养教育质量评估的理论基础

(一)全面发展的现代教育理念

核心素养教育质量评估首先基于全面发展的现代教育理念,这一理念强调学生在知识、技能、情感、态度和价值观等多个方面都需要得到全面发展。这种全面发展的要求不仅关注学生的知识掌握,还注重学生的实践能力、创新思维、情感态度以及价值观念等综合素质的培养。它为核心素养教育质量评估提供了明确的方向和指导,确保评估过程能够全面关注学生的各个方面,真实反映学生的整体发展状况。在这一理念的指导下,核心素养教育质量评估不再仅仅局限于传统的知识测试,而是将评估范围扩展到学生的全面能力和素质上。评估过程关注学生的学习过程、方法、进步以及在学习中所表现出来的各种能力和品质,如批判性思维、解决问题的能力、合作与交流能力、自主学习能力等。同时,评估还注重学生的情感态度和价值观的培养,关注学生的社

会责任感、公民意识、创新精神以及人文素养等方面的提升。因此,全面发展的现代教育理念是核心素养教育质量评估的重要理论基础,它确保了评估的全面性和多元性,有助于更准确地衡量学生的核心素养发展水平,为教育教学改革提供有力的支持。通过这种评估方式,教育者可以更加清晰地了解学生的发展状况,及时调整教学策略和方法,更好地满足学生的个性化需求,促进学生的全面发展。

(二)建构主义的学习观

建构主义学习观认为学习并非简单地将知识从外部世界传输到学生的头脑中,而是一个由学习者基于自身原有经验主动建构新知识的过程。在核心素养教育质量评估的语境下,这一理论具有深远的意义。它强调了评估不应仅仅局限于学生对知识的记忆和复述,更应深入关注学生在学习过程中所展现的主动性、创造性以及解决问题的能力。评估的真正目的不在于给学生一个分数或标签,而在于通过评估这一手段,引导和激励学生更好地学习和发展。因此,建构主义学习观要求我们在进行核心素养教育质量评估时,必须转变传统的以知识掌握为主的评估方式,转而重视学生的学习过程、方法以及在学习中所表现出来的各种能力和品质。我们应鼓励学生通过实践、探究和合作等方式来建构知识,因为这些活动不仅能够帮助学生更深入地理解知识,还能够培养他们的批判性思维、创新能力以及团队协作精神等核心素养。同时,评估本身也应成为一种学习和发展的过程。通过评估反馈,学生可以了解自己的学习状况,及时调整学习策略和方法,从而不断提升自己的核心素养。总之,建构主义学习观为核心素养教育质量评估提供了新的视角和思路,有助于我们更全面地评价学生的发展状况,更准确地衡量教育教学的质量,进而推动教育教学的改革和创新。

(三)多元智能理论

多元智能理论提出了一种全新的智能观念,即人的智能并非单一、固定的,而是由多个方面、多个维度构成的多元化结构体。这一理论具体指出,人的智能至少包括语言、数学逻辑、空间、音乐、身体运动、人际交往和自我认知等多个领域,每个领域都有其独特的价值和发展规律。在核心素养教育质量评估中,多元智能理论的应用具有极其重要的意义。首先,多元智能理论要求评估应涵盖学生在各个智能领域的发展情况。这意味着我们不能再以单一的标准或指标来评价所有的学生,而应该充分考虑到每个学生的个体差异和多元性。每个学生都有其独特的智能组合和发展轨迹,评估的目的应该是帮助他们发现和发展自己的优势智能,同时提升相对较弱的智能领域。其次,多元智能理论鼓励教育者采用多样化的评估方法和手段。传统的笔试、测验等方式可能只能评价学生的部分智能领域,而无法全面反映学生的整体发展状况。因此,教育者需要运用多种评估工具和方法,如观察、记录、作品展示、口头表达、实践操作等,以便更全面、更客观地评价学生的核心素养发展情况。最后,多元智能理论还提醒我们,评估不仅是为了给学生一个分数或等级,更重要的是为了促进学生的发展。评估结果应该成为教育者调整教学策略、改进教学方法的依据,也应该成为学生自我认知、自我提升的起点。因此,核心素养教育质量评估应该是一个持续的、动态的过程,旨在不断推动学生的全面发展和进步。

(四)社会建构主义和参与式的评价观

社会建构主义和参与式的评价观在核心素养教育质量评估中扮演着举足轻重的角色。社会建构主义认为,知识并非孤立存在,而是在社会互动中不断建构和发展的。这一观点强调了学生与他人、与环境的交互作用对于知识获取和理解的重要性。同时,参与式的评价规则倡导在评价过程中,所有利益相关者都应积极参与和协商,确保评价的公正性和有效性。在核心素养教育质量评估的实践中,这一理论要求评估应紧密关注学生的真实情境和社会互动。这意味着评估不再局限于传统的纸笔测试或单一的评价标准,而是要将学生置于真实的、复杂的社会环境中,通过观察他们在实际问题解决、团队协作、沟通交流等方面的表现来全面评估其核心素养的发展水平。此外,鼓励学生在评价过程中发挥主体作用也是这一理论的重要体现。学生不再是被动接受评价的客体,而是成为评价的主体,积极参与评价标准的制定、评价过程的实施以及评价结果的反馈。这种评价方式有助于提升学生的自主性和责任感,使他们更加主动地投入到学习中去,不断提升自己的核心素养。同时,教育者和其他利益相关者也应积极参与到评价过程中来,与学生协商、制定评价标准和方案。这种多方参与的评价方式不仅有助于确保评价的公正性和有效性,还能促进教育教学的民主化和科学化。通过充分的讨论和协商,教育者可以更加深入地了解学生的需求和特点,制定出更加符合学生实际的教学方案和评价标准;而学生也能更加清晰地了解自己的学习状况和发展目标,更加有针对性地提升自己的核心素养。

三、核心素养教育质量评估的关键指标

(一)德育素养评估

德育素养评估是现代教育的重要环节,旨在衡量学生的道德品质和行为

习惯。评估内容涵盖诚信、尊重、责任感、团队协作等多方面,以全面反映学生的德育水平。在日常学习和生活中,学生的言谈举止、对待他人的态度、承担责任的勇气等都是评估的重要依据。德育素养评估不仅能帮助学生认识自身的优点和不足,更能引导他们树立正确的价值观,培养良好的行为习惯。因此,学校应重视德育素养评估,将其贯穿于教育教学全过程,为学生的全面发展和终身幸福奠定坚实基础。同时,家庭和社会也应积极参与,形成德育合力,共同营造有利于学生健康成长的良好环境。只有这样,才能真正培养出德才兼备、全面发展的优秀人才,为社会的繁荣和进步贡献力量。

(二)学科素养评估

学科素养评估是衡量学生在特定学科领域内知识掌握、技能运用和思维发展的重要手段。对学生学科知识、方法技能、思维品质等方面的综合评估,可以全面反映学生在该学科的学习成效和发展水平。在评估过程中,我们不仅关注学生的知识掌握情况,还重视他们的实践能力和创新思维,以及解决问题的能力和学科思维的深度与广度。这样的评估有助于发现学生的学科优势和不足,为教师提供针对性的教学指导,也为学生提供了自我反思和提升的机会。通过学科素养评估,我们可以更好地促进学生的全面发展,培养他们在未来学习和生活中的综合素养和竞争力。

(三)实践素养评估

实践素养评估是对学生实际操作能力、问题解决能力及创新实践能力的一次全面检验。它关注学生的动手实践能力、实验设计与操作能力、社会实践能力以及创新创业精神等多个层面。在评估过程中,我们着重观察学生在实际操作中的熟练度、准确性及创新思维,同时考量他们面对问题时的分析与解决能力。此外,学生参与社会实践、志愿服务等活动的表现也纳入评估范畴,以体现其社会责任感和实践能力。通过实践素养评估,我们旨在激励学生提升实践技能,培养其实践创新精神,为其未来职业生涯奠定坚实基础。

(四)信息素养评估

信息素养评估是对学生在信息获取、处理、分析和利用等方面能力的全面考量。它关注学生的信息意识、信息知识、信息技能以及信息道德等多个维度。在评估中,我们重点观察学生是否能够有效利用各种信息工具和资源,快速准确地获取信息,并对信息的质量和价值进行判断。同时,我们还关注学生的信息处理能力,包括信息的整理、归纳、分析和创新等方面。此外,学生在信息利用过程中的道德规范和法律意识也是评估的重要内容。通过信息素养评估，我们可以更好地了解学生的信息素养水平，为其未来的学习和职业发展提供有针对性的指导和帮助，也推动学校信息素养教育的持续改进和提升。

（五）创新与创业素养评估

创新与创业素养评估是衡量学生创新思维、创业意识和实践能力的重要手段。评估关注学生的创新意识、创新思维、创业知识、创业技能以及团队协作能力等多个方面。通过评估学生在创新活动中的表现，观察他们是否能够独立思考、提出新颖观点并解决问题；同时，考量学生在创业实践中的计划制订、资源整合、风险应对等能力。此外，团队协作和沟通能力也是评估的重要内容。通过创新与创业素养评估，旨在激发学生的创新思维和创业热情，培养具备创新精神和实践能力的优秀人才，为社会的创新发展和经济转型升级贡献力量。

（六）沟通与合作素养评估

沟通与合作素养评估是对学生在人际交往和团队协作中表现出的沟通能力和合作精神的全面评价。在评估中，我们关注学生的口头表达、倾听理解、非语言沟通以及解决沟通障碍的能力，同时考查他们在团队中的角色定位、协作意愿、团队贡献和冲突解决等方面。具备良好的沟通和合作素养对于学生个人发展和社会适应至关重要，因为它们不仅影响着个体的学习和工作效率，也是建立良好人际关系和促进团队协作的基石。通过沟通与合作素养评估，我们可以帮助学生认识到自身在沟通和合作方面的优势和不足，为他们提供有针对性的改进建议和发展方向。同时，评估结果也能为教育教学提供反馈，指导教师在课程设计和教学活动中更加注重学生沟通和合作能力的培养。最终，通过全面的沟通与合作素养评估，我们旨在培养出既具备专业知识，又擅长人际交往和团队协作的复合型人才。

（七）文化素养评估

文化素养评估是对学生文化知识掌握、文化理解与文化传承能力的全面考查。它关注学生的文化知识广度与深度、对文化现象的理解与分析能力，以及在不同文化背景下的适应与沟通能力。评估中，我们重视学生在文学、历史、艺术等领域的素养，观察他们是否能欣赏并理解多元文化，同时关注他们对本民族文化的认同与传承。通过文化素养评估，我们期望学生能够拓宽文化视野，提升跨文化交流能力，成为既有国际视野，又深谙本土文化的现代公民。这样的评估不仅有助于学生的个人成长,也为社会的文化繁荣与交流打下坚实基础。

第二节　基于核心素养的课程教学改革

一、教学方法改革与创新

(一)传统教学与核心素养的脱节

传统教学方法侧重于知识传授,却忽视了核心素养的培养,这在科技飞速发展和全球化推进的当今社会显得尤为不足。单纯的知识掌握已无法满足社会对人才的需求,具备批判性思维、创新能力、团队合作及跨文化沟通等核心素养的学生更能适应社会发展。然而,传统方法常忽略学生主体性,使其被动接受知识,缺乏独立思考和解决问题的能力,且在团队合作和跨文化沟通方面表现欠佳。因此,改革与创新教学方法,结合核心素养培养,已成为教育的重要议题。我们需转变教育观念,从知识传授转向能力培养,以学生为中心,采用启发式、讨论式等教学方法,激发学习兴趣和主动性,培养独立思考和解决问题能力。同时,学校应加强团队合作和跨文化沟通等素养的培养,提供更多实践机会和资源。此外,利用现代科技手段创新教学方式,如信息技术、人工智能等,创造生动、形象、互动的教学环境,提高学习效果。在线学习平台等资源也可以提供个性化、多样化的学习路径和反馈机制。这些举措对于培养学生核心素养、适应社会发展需求具有重要意义。

(二)以学生为中心的教学方法

改革教学方法的首要步骤是从以教师为中心转变为以学生为中心,这标志着教育领域范式的深刻转变。在传统模式下,教师扮演着知识权威和传递者的角色,而学生则常处于被动接受的状态。然而,现代教育理念高度重视学生的主体性和主动性。为实现这一转变,教师必须采纳一系列创新教学策略,诸如项目式学习、问题式学习和合作学习等。项目式学习鼓励学生围绕具体项目主动探究和实践,深化知识理解和应用,从而发挥他们的创造性和主动性。问题式学习则通过问题导向,激发学生主动探索和构建知识,培养批判性思维和创新能力。合作学习注重学生间的协作与交流,通过小组活动等方式培养他们的团队合作精神和沟通能力。在这些新方法下,教师的角色也发生显著变化,从单纯的知识传授者转变为学生学习过程中的引导者和促进者,负责创造良好学习环境,激发学生兴趣和动力,引导他们主动探究,并及时提供反馈和指导,以助其发展核心素养。这一系列转变对于提升教育质量和培养适应未来社会的人才至关重要。

(三)技术在教学中的创新应用

随着科技的日新月异,信息技术和人工智能的突破性进展为教育领域注入了新的活力,为教学方法的改革与创新提供了前所未有的可能。虚拟现实和增强现实技术的崛起,使得学习环境不再局限于传统的教室和教材。通过这些先进技术,教师可以为学生打造出身临其境、沉浸式的学习体验,让学生在模拟的真实场景中直观感知、深入探索,从而更加深刻地理解和掌握知识。这种学习方式不仅激发了学生的学习兴趣,还极大地提升了他们的学习效率和效果。与此同时,在线学习平台和自适应学习系统的出现,更是实现了教育的个性化和差异化。这些平台能够根据学生的个人特点、学习进度和兴趣爱好,智能推荐合适的学习资源,定制个性化的学习路径。而且,它们还能实时跟踪学生的学习状态,提供精准及时的反馈,帮助学生及时发现并纠正学习中的问题。这样的教学方式不仅尊重了学生的主体地位,更有助于培养他们的自主学习能力和终身学习习惯。

(四)持续评估与反馈的重要性

教学方法的改革与创新并非一蹴而就的短暂行为,而是一个需要不断迭代与优化的长期过程。在这个过程中,建立科学、系统的评估与反馈机制显得尤为关键。这种机制不仅要求对学生的核心素养进行定期的、全面的评估,还需要对所采用的教学方法的效果进行持续的、深入的监控和分析。只有这样,教师才能获得关于学生学习情况的第一手资料,进而准确判断哪些教学方法是有效的、哪些是需要进一步改进的。具体来说,评估学生的核心素养可以通过多种方式实现,如课堂表现、作业完成情况、参与项目或实践活动的积极性等。同时,对于教学方法的效果评估,则可以通过学生的学习成绩、学习动力、学习满意度等多个维度来进行。此外,收集和分析学生的学习数据也是评估与反馈机制中不可或缺的一环。这些数据可以包括学生的学习时长、学习频率、学习路径选择等,它们能够帮助教师更加深入地了解学生的学习习惯、学习需求和学习难点,从而为教学方法的调整和优化提供有力的数据支持。

二、课程评价与考试改革

(一)核心素养课程评价的理念与重要性

随着教育的持续进步,人们逐渐意识到单纯的知识灌输已无法满足当今复杂多变的社会需求。教育的重心正在逐步转向对学生核心素养的培育,这些素养包括批判性思维、创新能力、沟通能力、团队协作以及跨文化理解等,它们共同构成了学生在未来社会中成功应对挑战的基础。核心素养课程评价应运而生,它以学生核心素养的发展为核心,深入、全面地审视课程在培育这些关键能力方面的成效。这种评价方式不仅凸显了学生的主体地位,更关注学生的全面、均衡发展,它标志着教育从传统的知识本位向能力本位的转变,是教育改革的重要方向。通过实施核心素养课程评价,教育者能够更精确地掌握学生的学习动态,及时发现教学过程中的不足与问题,进而调整教学策略,优化课程设计,确保教育目标的实现。这种评价方式不仅为教学改进提供了有力的数据支撑,更为学生的全面发展保驾护航,确保他们在知识、技能、情感态度等多方面得到均衡提升。因此,核心素养课程评价的实施与推广,对于推动教育现代化、培养适应未来社会的人才具有重要意义。

(二)核心素养课程评价的方法与实践

核心素养课程评价需要多元化的评价方法来全面、真实地反映学生的实际发展水平。其中,表现性评价通过观察学生在具体情境中的行为表现,深入评估他们的核心素养,如批判性思维、创新能力及团队协作等。这种评价方式强调在真实或模拟的环境中观察学生的表现,使得评价结果更具实际意义。档案袋评价则通过系统收集学生的学习成果、反思记录以及成长轨迹等资料,为教师提供一个全面了解学生学习过程的窗口,有助于发现学生的进步与不足。而学生自评与互评则鼓励学生参与到评价过程中,通过自我反思和同伴间的相互评价,培养学生的自我认知能力和批判性思维,也增强了评价的客观性和公正性。在实践中,教师应根据评价目的、学生特点以及教学条件等具体情况,灵活选择并运用这些评价方法,确保评价结果的准确性和有效性。通过多元化的评价,教师不仅能更全面地了解学生的发展状况,还能及时调整教学策略,为学生的全面发展提供有力支持。

(三)考试改革与核心素养评价的融合

传统的考试方式过于偏重知识的记忆和应试技巧的磨炼,这种方式已经无法全面评价学生的真实能力和潜力,更无法有效考查学生的核心素养,如思维能力、创新能力以及沟通能力等。为了打破这一僵局,我们迫切需要将考试改革与核心素养评价紧密结合。具体而言,我们应在考试内容中增加对学生核心素养的考查,不再仅仅局限于知识点的记忆,而是更多地关注学生的思维能力、创新能力以及他们在解决问题中所展现的沟通能力。同时,考试形式也应变得更加灵活多样,除了传统的闭卷考试,还可以引入开卷考试、口试、实践操作等多种形式,以便更全面地评估学生的综合能力和实际应用水平。此外,我们还应将日常评价与终结性评价有机结合,确保评价过程的连续性和完整性,从而更准确地反映学生的学习状况和发展轨迹。通过这些改革措施,我们能够使考试真正服务于学生核心素养的培养,推动教育向更全面、更深入的方向发展,为社会培养出更多具备高素质和创新能力的人才。

三、教师队伍建设与培训

核心素养教师队伍的建设与培训,是当下教育改革与发展中的一项紧迫而重要的任务。随着教育理念的更新和课程改革的推进,教师的角色和职责也在发生着深刻的变化。他们不再仅仅是知识的传授者,而是学生发展的引导者、促进者和合作者。因此,建设一支具备高素质、专业化的教师队伍,对于提升教育质量、培养适应未来社会的人才具有至关重要的意义。核心素养教师队伍的建设,首先要从教师的选拔入手。在选拔过程中,应注重候选人的教育理念、专业素养、创新能力以及团队合作精神等多方面的考查。通过严格的选拔程序,挑选出那些真正热爱教育事业、具备较高专业素养和潜力的优秀人才,为教师队伍的建设奠定坚实的基础。

接下来是教师的培训。培训应紧紧围绕核心素养教育的理念和要求,结合教师的实际需求和学校的发展目标,制订科学、系统、针对性的培训计划。在培训内容上,应注重教师的教育理念更新、专业知识拓展、教学技能提升以及跨学科学习能力的培养。同时,还应关注教师的心理健康、职业规划以及教育法律法规等方面的培训,帮助教师全面提升自身的综合素质。在培训方式上,应采用多种形式的培训方式,如专题讲座、案例分析、实践操作、团队合作等,以满足不同教师的需求。特别是要注重实践操作的培训,通过组织教师参与课堂观摩、教学研讨、课题研究等活动,让他们在实践中学习、反思和成长。此外,还可以利用现代信息技术手段,如网络课程、在线研讨等,打破时间和空间的限制,为教师提供更加便捷、灵活的学习平台。

除了培训和选拔,核心素养教师队伍的建设还需要建立完善的激励机制和评价体系。要通过合理的薪酬制度、晋升机制、奖励措施等,激发教师的积极性和创造力,让他们在教育教学中充分发挥自己的潜能。同时,要建立科学、客观、公正的教师评价体系,从教学质量、科研能力、学生评价等多个方面对教师进行全面、准确的评价,为教师的专业发展提供有力的支持。此外,学校还应为教师提供良好的工作环境和条件,包括充足的教学资源、先进的教学设备、舒适的办公条件等,让教师在工作中感受到学校的关心和支持。同时,要加强教师之间的交流与合作,鼓励教师分享自己的经验和成果,共同探讨教育教学中的问题和挑战,形成积极、开放、合作的工作氛围。核心素养教师队伍的建设是一个长期而持续的过程,学校应制定长远的教师发展规划,明确教师队伍建设的目标和方向,确保教师队伍的稳定和持续发展。同时,要关注教师队伍的动态变化,及时调整和完善相关政策和措施,以适应教育改革和发展的新要求。

四、校际合作与资源共享

在发展学生核心素养的过程中,加强校际合作与资源共享显得尤为重要。随着教育改革的不断深化,学生核心素养的培养已成为教育工作的重中之重。而要实现这一目标,单靠某一学校的力量是远远不够的,需要各学校之间加强合作,共同分享教育资源,形成教育合力。校际合作可以为学生提供更广阔的学习平台。不同学校有着不同的教育特色和优势资源,通过校际合作,可以打破学校之间的壁垒,实现教育资源的互通有无。学生们可以在更广泛的范围内选择适合自己的课程和学习方式,拓宽知识视野,提升综合素质。同时,校际合作还能促进学校之间的教学交流,激发教师的教学热情和创新精神,从而提高教育教学质量。资源共享则是实现教育公平的重要途径。在一些地区,经济发展不平衡,教育资源分布不均,导致一些学校教育资源匮乏,难以满足学生全面发展的需要。而通过资源共享,可以将优质教育资源进行整合和优化配置,让更多的学生享受到优质教育。比如,建立校际图书馆、实验室等共享设施,可以让学生们共享丰富的图书资料和实验设备;开展校际网络课程共享,则可以让更多的学生接触到优质的网络教育资源。此外,加强校际合作与资源共享还能推动教育创新。在合作与交流中,各学校可以相互借鉴、取长补短,共同探讨教育教学改革的新思路、新方法。通过分享彼此的成功经验和创新实践,可以激发新的教育理念和教学方法的产生,推动教育教学的不断创新和发展。在实施过程中,要注重建立长效的合作机制和资源共享平台,确保合作与共享的持续性和有效性。同时,还要加强校际的沟通与协调,确保合作与共享的顺利进行。只有这样,才能真正实现学生核心素养的全面提升和教育质量的整体提高。

五、学生个性化教育与发展

在培训学生核心素养的同时,重视学生个性化教育与发展,是当下教育领域中一项至关重要的任务。随着社会的不断发展和进步,对于人才的需求也日益多元化,这就要求教育不仅要培养学生的核心素养,更要关注每个学生的个性化需求和发展。这些素养的培养是教育的重要目标,需要通过系统的课程和教学活动来实现。然而,仅仅注重核心素养的培训是远远不够的,因为每个学生都是独一无二的个体,他们有着不同的兴趣、特长和发展方向个性化教育是指根据学生的个性特点、兴趣爱好和学习能力等因素,量身定制适合他们的教育方案,以最大限度地发挥他们的潜能和才华。这种教育方式强调因材施教,关注学生的主体性和差异性,能够激发学生的学习兴趣和动力,提高他们的学习效果和自信心。实现个性化教育需要教师具备专业的素养和能力。教师需要深入了解每个学生的个性特点和学习需求,制订针对性的教学计划和教学策略。同时,教师还需要不断更新教育观念和教学方法,探索适合不同学生的教学方式和手段。只有这样,才能真正做到因材施教,让每个学生都能在适合自己的教育环境中得到发展。此外,学校和教育机构也需要为个性化教育提供必要的支持和保障。例如,建立完善的学生评价体系,从多个方面全面、客观地评价学生的发展状况,为个性化教育提供科学依据。同时,加强课程资源建设,提供丰富多样的课程选择,以满足不同学生的学习需求和兴趣爱好。还可以开展丰富多彩的课外活动,为学生提供展示自我、锻炼能力的平台。

第三节 基于核心素养的教师专业发展与学习环境创设

一、教师专业发展策略与实践

(一)明确核心素养的定义与重要性

核心素养是教师在教育教学中的关键能力和必备品格,涵盖了专业知识、教学技能、情感态度和价值观等要素。这些是教师专业发展的根基,直接关系到教育教学质量的提升。专业知识是教学的基础,教师需要不断更新和拓展,以确保教学内容的科学性和准确性。教学技能则是教师将知识有效传递给学生的桥梁,要求教师掌握多种教学方法和策略,以适应不同学生的需求。同时,情感态度和价值观在教育中同样占据重要地位,它们影响着教师的教学风格和与学生的互动方式,是形成良好师生关系的关键因素。因此,明确核心素养的定义及其重要性,对于教师专业成长具有深远的指导意义。它提醒教师不仅要关注知识的传授,更要注重自身全面素质的提升,从而更好地履行教育职责,为学生的全面发展提供有力支持。

(二)制定基于核心素养的教师专业发展策略

1. 加强专业知识学习

教师应持续深入学习所教学科的专业知识,不断汲取最新的教育教学理论和实践成果,以提升自身的专业素养。为实现这一目标,教师可以积极参与各类专业培训,通过与同行的交流学习,了解最新的教育理念和教学方法。同时,阅读专业书籍和期刊也是教师不可或缺的学习方式,通过阅读可以系统掌握学科知识体系,了解学科前沿动态。此外,参与学术研讨活动有助于教师拓宽学术视野,激发创新思维。

2. 提高教学技能

教师应高度重视教学技能的提升,这涵盖了教学设计、教学方法、教学评价等多个关键环节。在教学设计方面,教师需要具备制订科学、合理的教学计划的能力,确保教学内容符合学生的认知规律和学习需求。在教学方法上,教师应不断探索和创新,灵活运用多种教学策略,以激发学生的学习兴趣,提高教学效果。同时,教学评价也是教学技能中不可或缺的一部分,教师需要掌握科学的评价方法,对学生的学习成果进行准确、客观的评价,以便及时调整教学策略,促进学生的学习进步。为了提升教学技能,教师可以积极观摩优秀教师的教学实践。通过观摩,教师可以学习他人成功的教学经验,借鉴其有效的教学方法,反思自身教学中的不足之处。

3. 培养情感态度和价值观

教师应以积极向上的情感态度和正确的价值观为导向,全心全意关注学生的全面发展。在培养学生的过程中,教师应特别注重激发学生的创新精神,通过各种教学手段激发学生的好奇心和探索欲,鼓励他们勇于尝试、勇于创新。同时,教师还应着重培养学生的实践能力,为他们提供丰富的实践机会,让他们在实践中学习、成长。为了实现这些目标,教师应积极参与学生的各类活动,深入了解他们的兴趣、需求和困惑,及时调整教学策略。此外,与学生保持密切的交流也是至关重要的,这不仅可以增进师生之间的理解和信任,还能帮助教师更准确地把握学生的发展状况。同时,关注社会热点问题并将其引入教学,可以使学生更好地将所学知识与现实生活相联系,增强他们的社会责任感和使命感。

(三)实践基于核心素养的教师专业发展策略

1. 制定个人专业发展规划

教师应立足自身的实际情况,精心制定个人专业发展规划,这是教师职业成长的重要一环。一份好的规划能够帮助教师明确自己的发展方向,有计划地提升自己的专业素养,从而更好地服务于学生和教育事业。在制定个人专业发展规划时,教师首先需要明确自己的发展目标。这些目标应该既具有实际性,又富有挑战性,既可以是短期内的具体目标,如提高某一学科的教学能力,也可以是长期的职业愿景,如成为某一领域的教育专家。目标的设定需要教师对自己现有的知识水平、教学能力、兴趣爱好等方面进行深入的分析和思考,确保目标是基于自身实际的,也是自己真心向往和追求的。明确了发展目标之后,教师需要详细规划发展内容。这包括需要提升的专业知识、教学技能,以及希望培养的情感态度和价值观等。在专业知识方面,教师可以通过阅读专业书籍、参加专业培训等方式,不断更新和拓展自己的知识体系。在教学技能方面,教师可以通过观摩优秀教师的教学、参加教学比赛等方式,提升自己的教学设计和实施能力。在情感态度和价值观方面,教师需要不断反思自己的教育理念和教学行为,确保自己始终保持着对教育的热情和对学生的关爱。规划了发展内容之后,教师还需要清晰勾勒出发展路径。这即如何通过学习、实践、反思等步骤,逐步实现自己的发展目标。学习是教师专业发展的基础,教师可以通过阅读、听讲座、参加研讨会等方式,不断汲取新的知识和理念。实践是教师专业发展的关键,教师需要将所学到的知识和理念应用到实际教学中,通过实践来检验和提升自己的教学能力。反思是教师专业发展的保障,教师需要在实践后进行深入的反思和总结,分析自己的教学行为和效果,找出存在的问题和不足,以便进行针对性的改进和提升。整个规划过程需要教师深入思考、全面分析,确保规划既符合自身实际,又具有一定的挑战性和前瞻性。教师需要对自己的知识、能力、兴趣等方面有一个全面而深入的了解,确保规划是基于自身实际的。同时,规划也需要具有一定的挑战性,能够激发教师的内在动力和发展潜力。此外,规划还需要具有一定的前瞻性,能够预见未来教育发展的趋势和需求,为教师的专业发展指明方向。

2. 参加专业培训和实践

教师应把握机会,积极参加由学校或教育部门举办的专业培训和实践活动,这是教师专业成长的重要途径。通过这些活动,教师可以接触到最新的教育教学理论和实践成果,从而更新自己的教育观念,提升教学技能。教育是一个不断发展的领域,新的教学理念和方法层出不穷。如果教师停留在自己的舒适区内,不主动寻求学习和成长的机会,那么他们的教学水平和教育理念很快就会落后于时代。因此,参加专业培训和实践活动是教师保持与时俱进、不断提升自身专业素养的必要手段。在这些活动中,教师可以系统地学习新的教育教学理论,了解最新的教育研究成果和实践经验。他们可以通过专家的讲解、案例的分析、实践的操作等方式,深入理解新的教学理念和方法的内涵和应用。这种学习不仅可以帮助教师更新自己的知识结构和教育观念,还可以为他们的教学实践提供有力的指导和支持。与此同时,与同行的交流也是教师专业成长中不可或缺的一环。在培训和实践活动中,来自不同学校、不同背景、具有不同经验的教师们汇聚一堂,共同学习、探讨教育教学问题。这种交流不仅可以为教师提供新的教学灵感和解决问题的方法,还能帮助他们拓宽教育视野,更全面地理解教育教学工作。通过与同行的交流,教师可以了解其他学校的教学情况和经验,借鉴他人的成功做法和创新思路,为自己的教学实践注入新的活力和创意。此外,参加专业培训和实践活动还可以帮助教师建立广泛的人脉关系。在活动中,教师可以结识来自不同地区的同行和专家,与他们建立联系并保持长期的交流与合作。这些人脉关系不仅可以为教师提供学术上的支持和帮助,还可以为他们提供职业发展上的机会和资源。通过与优秀的同行和专家建立联系并互相学习、互相支持,教师可以更快地提升自己的专业素养和实践能力。

3. 进行教学反思和研究

教师应将教学反思和研究视为专业成长的重要途径。在日常教学中,时刻保持敏感和批判性思维,对教学实践进行深入的反思和总结,是教师不断提升自身专业素养和实践能力的关键。教学是一个复杂而动态的过程,涉及诸多因素和变量。即使是最有经验的教师,也难以保证每一堂课都能达到完美的效果。因此,教师需要对自己的教学实践进行持续的反思和总结,以便及时发现问题、分析原因并寻求改进策略。写教学日志是教师进行教学反思的重要手段之一。通过记录自己的教学心得和体会,教师可以捕捉教学中的闪光点和不足之处。这些闪光点可能是某个学生的独特见解、一次成功的课堂互动,或者是自己在教学中的某个灵感。而不足之处则可能是教学内容的难度不适当、教学方法的单一枯燥,或者课堂管理的失控等。通过记录和分析这些闪光点和不足之处,教师可以更清晰地认识自己的教学优势和需要改进的地方,从而为今后的教学提供有益的参考。进行教学案例分析也是教师教学反思的重要方式之一。与写教学日志相比,教学案例分析更注重从具体的教学事件中提炼经验教训。教师可以通过分析自己或他人的教学案例,深入了解教学中的问题和挑战,探讨解决问题的方法和策略。这种分析不仅可以帮助教师更好地理解教学理论和实践之间的联系,还可以为他们提供实际教学中可借鉴的经验和做法。此外,参与课题研究是教师进行教学研究的有效方式。课题研究通常需要教师对某个具体的教学问题进行系统的研究和分析,提出创新的解决方案并进行实践验证。通过参与课题研究,教师可以更深入地理解教学问题的本质和复杂性,掌握科学的研究方法和技能,提升自己的学术素养和实践能力。同时,课题研究还可以帮助教师与同行建立更紧密的联系和合作,共同推动教育教学的发展和创新。

4. 发挥学生的主体作用

教师在教育教学过程中,应始终以学生为中心,积极发挥学生的主体作用,这是现代教育的核心理念。学生是学习的主体,是知识的建构者,只有当学生积极参与到学习过程中,他们的学习潜能才能得到最大程度的激发。因此,教师的角色不再仅仅是知识的传授者,更是学生学习的引导者和促进者。为了实现这一目标,教师需要运用多样化的教学方式,以适应不同学生的学习需求和兴趣特点。组织小组讨论是一种非常有效的教学方式,它让学生在交流中互相启发,通过分享彼此的观点和见解,深化对知识的理解和应用。在小组讨论中,每个学生都有机会发表自己的看法,倾听他人的意见,从而培养他们的表达能力和倾听能力。同时,小组讨论还能促进学生的合作学习,让他们在共同解决问题的过程中体验到团队协作的力量和乐趣。除了小组讨论外,开展实践活动也是一种重要的教学方式。实践活动让学生在实际操作中学习知识,锻炼技能,将理论知识与实际应用相结合。通过实践活动,学生可以亲身感受到知识的实用性和趣味性,增强他们的学习兴趣和动力。同时,实践活动还能培养学生的动手能力和解决问题的能力,为他们的未来发展打下坚实的基础。引导学生进行探究式学习也是教师的重要任务之一。探究式学习强调学生的主动性和自主性,鼓励他们通过独立思考和自主探索来发现问题并寻求解决方案。在探究式学习中,教师不再是知识的唯一来源,而是学生探索世界的引导者和支持者。通过提出问题、引导探索,教师可以激发学生的好奇心和求知欲,培养他们的创新精神和批判性思维。这种学习方式不仅能够提高学生的学术成绩,更能培养他们的终身学习能力和适应社会变化的能力。为了更有效地实施这些教学方式,教师需要不断提升自己的专业素养和教学能力。他们需要深入理解学科知识和教育理论,掌握多样化的教学方法和策略。同时,教师还需要保持开放的心态和持续学习的精神,不断吸收新的教育理念和教学方法,以适应不断变化的教育环境和学生需求。

（四）建立基于核心素养的教师专业发展评价体系

为了推动教师的专业发展,构建一个基于核心素养的教师专业发展评价体系显得尤为关键。这一评价体系不仅要涵盖教师的专业知识掌握程度,还要深入评估其教学技能、情感态度以及对教育的价值观等核心素养。这种全面性和针对性的评价,能够确保每位教师得到准确而深入的专业发展反馈。在构建这一评价体系时,我们必须认识到单一的评价方法无法满足全面、客观地评估教师专业发展的需求。因此,采用多元化的评价方式成为必然选择。自我评价作为教师反思自身教学实践和专业成长的重要途径,具有不可替代的作用。通过自我评价,教师可以深入挖掘自身的优势和不足,为今后的专业发展提供明确的方向。同行评价则是一种相互学习、相互借鉴的有效方式。同行们拥有相似的教育背景和工作经验,他们的专业意见和建议往往能直击要害,为教师提供宝贵的成长建议。同时,同行评价还能促进教师之间的经验交流和共享,形成积极向上的教师群体学习氛围。而学生评价则是反映教师教学效果和影响力最直接的方式。学生是教学活动的直接参与者,他们对教师的教学态度、教学方法和教学效果有着最直观的感受。通过收集学生的反馈意见,教师可以及时调整教学策略,更好地满足学生的学习需求。

二、学习环境创设的重要性

学习环境创设对于教育教学的重要性不言而喻。一个良好的学习环境不仅能够激发学生的学习兴趣,提高他们的学习积极性,还能帮助他们更好地掌握知识和技能,培养他们的创新精神和实践能力。因此,学习环境创设是教育教学过程中不可或缺的一环。在优化的学习环境中,学生可以通过与环境的互动,更直观地理解抽象的概念和原理,从而加深对知识的理解和记忆。同时,环境中的各种刺激也能激发学生的好奇心和探索欲,促使他们主动地进行学习和思考。一个温馨、舒适、具有启发性的学习环境,能够让学生感受到学习的乐趣和成就感,从而增强他们的学习自信心和学习动力。相反,如果学习环境单调乏味、缺乏启发性,那么学生可能会对学习产生厌倦和抵触情绪,影响他们的学习效果。此外,学习环境创设还有助于培养学生的社会交往能力。在合作式的学习环境中,学生需要与他人进行交流和协作,共同完成学习任务。这个过程不仅能够培养学生的沟通能力和团队协作精神,还能让他们学会尊重他人、理解他人,形成良好的人际关系。同时,学习环境创设也是教育教学创新的重要手段。随着教育理念的不断更新和科技的不断发展,学习环境创设也需要不断地进行创新和改进。通过引入新的教学设备、采用新的教学方式、设计新的学习活动等方式,可以为学生打造一个更富有创意和活力的学习环境,激发他们的创新精神和创造力。在创设学习环境的过程中,教师需要不断地学习新的教育理念和教学技能,掌握新的教学工具和方法。这个过程不仅能够提升教师的专业素养和教学能力,还能让他们更好地适应教育教学改革的需求和挑战。

三、学习环境的构建与优化

(一)构建多元化的学习资源

基于核心素养的学习环境,其构建的首要任务是为学生提供多元化的学习资源。这些资源绝非单一的传统教材或教辅所能涵盖,而应广泛涉猎数字化资源、各类实验器材以及丰富多样的实践活动。数字化资源的引入,使学生能够跨越时空限制,接触到更广阔的知识领域和前沿信息;实验器材的配备,则让学生在亲身实践中深化理论知识的理解和应用;而实践活动的开展,更是将学习从课堂延伸至社会,使学生在真实场景中锻炼核心素养。这种多元化的学习资源配置,旨在满足学生多样化的学习需求,充分激发他们的学习潜能和兴趣。每个学生都有自己的学习风格和优势领域,多元化的学习资源正是为了让学生能够根据自己的特点和需求,选择适合自己的学习路径和方法,从而在学习过程中能够充分发挥自己的优势,也在不断地尝试和挑战中弥补自己的不足。这样的学习环境,不仅有助于提升学生的核心素养,更能培养他们的自主学习能力和终身学习的习惯,为未来的发展和成长奠定坚实的基础。

(二)创设真实的学习情境

核心素养的培养需要在贴近真实生活的学习情境中得以实现。因此,在构建学习环境时,我们必须努力创设真实感强烈的学习场景。这样的情境可以借助多种方式来营造,比如模拟实验,它能让学生在安全的环境中体验科学探索的乐趣,同时锻炼他们的实践操作能力;角色扮演则能帮助学生更深入地理解社会角色和社会规则,培养他们的同理心和社会责任感;而社会实践更是将学生置于广阔的社会背景中,让他们在实践中学习、在探索中成长。通过这些方式,学生不仅能够身临其境地感受知识的魅力和实用性,更能提高他们的学习兴趣和参与度,从而更积极地投入到学习中去。在真实的学习情境中,学生有机会将所学知识与实际问题相结合,形成解决问题的能力和创新思维,这是核心素养培养的重要途径。因此,在构建学习环境时,我们应注重情境的真实性和学生的参与度,让学生在与环境的互动中不断提升自己的核心素养。

（三）注重学生的主体性

在基于核心素养的学习环境中，学生的主体性地位应被置于首要位置，他们的声音和需求应得到充分的尊重和回应。传统的教师角色在这一环境中需要进行深刻的转变，不再仅仅是知识的单向传授者，而应成为学生学习旅程中的引导者和促进者。这样的转变意味着教师需要更多地倾听学生、理解学生，从他们的实际出发，设计符合他们认知特点和学习需求的教学活动。同时，学习环境的设计也需遵循以学生为中心的原则，无论是物理空间的布置，还是学习资源的配置，抑或学习氛围的营造，都应致力于为学生打造一个轻松、愉快且充满探索乐趣的学习环境。在这样的环境中，学生的学习不再是被动接受的过程，而是主动建构、积极探索的旅程，他们的核心素养也将在这一过程中得到全面的培养和发展。因此，尊重学生的主体地位、转变教师角色以及以学生为中心的学习环境设计，是基于核心素养学习环境的三大支柱，它们共同支撑起学生全面发展的大厦。

（四）优化学习环境的技术支持

随着信息技术的迅猛发展，学习环境的技术支持日益凸显其重要性。在优化学习环境的过程中，我们应当充分挖掘现代信息技术的潜力，如人工智能、大数据、云计算等前沿技术，为学生打造智能化的学习支持体系。这些技术的融入，能够极大地提升学习环境的智能化水平，为学生提供更加个性化、高效的学习体验。例如，借助智能推荐系统，我们可以根据学生的学习历史、兴趣爱好和能力水平，为他们精准推送符合其需求的学习资源，实现真正的因材施教。同时，在线学习平台的搭建，则打破了时间和空间的限制，让学生能够随时随地展开学习，充分利用碎片时间，提升学习效率。这些智能化学习支持的应用，不仅有助于激发学生的学习兴趣和动力，更能培养他们的自主学习能力和创新思维，为核心素养的全面提升奠定坚实基础。因此，在优化学习环境时，我们应积极拥抱信息技术，发挥其优势，为学生创造更加智能、便捷、高效的学习条件。

（五）建立科学的评价体系

基于核心素养的学习环境，其关键一环在于建立科学的评价体系。这一体系的核心在于关注学生的全面发展，不仅局限于知识的掌握和技能的提升，更要深入情感态度和价值观的培养。为了实现这一目标，评价方式必须走向多元化，涵盖自我评价、同行评价以及教师评价等多个维度。自我评价有助于学生自我反思和自我提升,同行评价则能培养学生的批判性思维和团队协作能力,而教师评价则能从专业的角度为学生的发展提供指导。这样的科学评价体系,不仅能全面、客观地反映学生的学习情况,更能深入挖掘学生的潜能,为他们的进一步发展提供有针对性的建议和有力的支持。在这样的评价体系下,学生的学习不再是为了应付考试,而是为了自身的全面发展,这样的学习才更有深度、更有意义。因此,建立科学的评价体系是基于核心素养学习环境的必然要求,也是推动学生全面发展的重要保障。

参 考 文 献

[1]许春蕾.高校创新创业教育与思想政治教育融合发展的路径研究[J].知识窗(教师版),2023(12):66-68.

[2]千红,薛凯琳.产教融合下的高校创新创业教育实践研究[J].产业创新研究,2023(24):168-170.

[3]张宝强,赵睿睿,夏梦萱.新时代高校思政教育融入创新创业教育的理论内涵与逻辑起点[J].创新与创业教育,2023,14(06):1-7.

[4]贾征,龚柏松.高校创新创业教育与专业教育融合的路径研究[J].学校党建与思想教育,2023(24):78-80.

[5]刘雪婷,徐雪.融合与创新:传承中国传统文化,创新高校思政教育[J].才智,2023(36):49-52.

[6]黄兰华,王向东,王艺霖."思创融合"视域下高校创新创业教育的实践与思考:以某大学A学院为例[J].中国大学生就业,2023(12):55-60.

[7]姚丽娟,魏建兵."互联网+"视域下高职课程思政与创新创业教育融合探究[J].互联网周刊,2023(24):82-84.

[8]王新会.高校创新创业教育与专业教育的融合研究[J].科技风,2023(35):81-83.

[9]张赟.高校思政教育与创新创业教育协同育人路径探究[J].当代教研论丛,20239(12):80-83.

[10]陆文超.融合创新创业教育的高校环境设计专业教学体系构建与实践[J].天南,2023(06):160-162.

[11]张青妹.新文科指引下大学英语课程思政数字化实施路径[J].语言与文化研究,2023,31(06):53-56.

[12]阎昕明,张然然,田德路.高校创新创业教育与公共选修课融合的模式探索[J].创新创业理论研究与实践,2023,6(23):74-78.

[13]周娟娟.数字化转型背景下高职学生英语核心素养培养路径研究[J].校园英语,2023(49):130-132.

[14]杨世君.高校思想政治教育与创新创业教育的融合发展路径探析[J].才智,2023(34):53-56.

［15］王娜.专业升级与数字化改造背景下高等职业教育课程标准开发研究:以高职空乘实用英语课程为例［J］.科教文汇,2023(22):148-153.

［16］刘小娟.高校创新创业教育与专业教育融合路径［J］.四川劳动保障,2023(11):65-66.

［17］王淑雅,王晨.浅谈高校创新创业教育与思政教育的有效结合［J］.四川劳动保障,2023(11):115-116.

［18］张晓萌.新时代高校关工委工作与大学生思政教育融合的创新路径［J］.办公室业务,2023(22):70-72.

［19］唐荣芳,程荣波,张晓玲.“互联网+”背景下高校电子类专业教育与创新创业教育深度融合研究［J］.创新创业理论研究与实践,2023,6(22):56-58+68.

［20］殷欣禾.试论中华优秀传统文化和高校思政教育融合的创新途径［J］.大众文艺,2023(22):160-162.

［21］许玲.英语数字化教学的实践体会［J］.英语画刊(高中版),2023(33):82-84.

［22］宋银秋.数字化转型背景下SPOC翻转课堂混合式教学改革实践:以梧州学院“高级英语”课程为例［J］.长春师范大学学报,2023,42(11):178-182.

［23］申娟娟.高校农村籍大学生思政教育创新研究:评《农村籍大学生返乡创业推进机制研究》［J］.中国农业气象,2023,44(11):1072-1074.

［24］齐媛媛.全面提升高校英语教师数字化教学能力的发展研究:评《高校教学团队建设与青年教师教学能力发展研究》［J］.科技管理研究,2023,43(22):239.

［25］孟鑫.初中英语课程数字化阅读教学模式构建与应用的探讨［N］.科学导报,2023-11-17(B02).

［26］孙振娟.应用型本科高校创新创业教育与会计专业课程融合体系研究［J］.商业经济,2023(12):193-196.

［27］罗蕊.数字经济视域下高校专业教育与创新创业教育融合路径研究［J］.湖北开放职业学院学报,2023,36(21):9-11.

［28］潘丽丽.发展核心素养,助力小学生劳动与技术高效学习［J］.好家长,2017(25):1.

［29］袁幸玲.“综合与实践”活动如何培养学生的数学核心素养［J］.小学教学参考(综合版),2018(3):2.